Design como arte

Design como arte
Bruno Munari

Tradução
Feiga Fiszon

Cobogó

Artista é aquele que, ao elaborar as próprias impressões subjetivas, sabe encontrar um significado objetivo geral para expressá-las de forma convincente.

MÁXIMO GÓRKI

Sumário

Prefácio	9
Apresentação: As máquinas inúteis	13
Arte como ofício	23
Designers e estilistas	27
O que é um designer?	29
Arte pura e arte aplicada	35
Uma linguagem viva	38
Uma rosa com forma de rosa	43
Os estilistas	47
Arte misteriosa	51
Design visual	55
Caracterização visual	57
A forma das palavras	69
Telegramas e poemas	73
Duas em uma	77
Uma linguagem de símbolos e signos?	80
Doze mil cores diferentes	87
Design gráfico	91
O anúncio com uma imagem central	93
Um cartaz de dimensões infinitas	98
Livros infantis	103
Design industrial	117
A miniaturização da arte	119
Como se vive em uma casa japonesa tradicional	123

O que é o bambu	130
Uma forma espontânea	135
Luminária em forma de prisma	140
Objetos gastos	145
A laranja, as ervilhas e a rosa	148
Uma escultura para viajar	156
Casas elegantes com acabamentos de luxo	160
A autoridade hoje	163
Os talheres	169
E não são todas	174
Presentes criativos	185
Pesquisa de design	**189**
Íris	191
Crescimento e explosão	193
Formas côncavo-convexas	197
Estruturas contínuas	200
O tetracone	206
Yang-yin	212
O *moiré*	214
Projeções diretas	220
Projeções com luz polarizada	226
O quadrado	229
O círculo	235
O triângulo	241
A flecha perde as penas, mas não a ponta	245
Reconstruções teóricas de objetos imaginários	249
Exercícios de topologia experimental	254
Duas fontes, nove esferas	262
Apêndice: As máquinas da minha infância (1924)	267

Prefácio

Nas exposições de arte, são cada vez mais raras as pinturas a óleo sobre tela e as esculturas de mármore ou bronze. Por outro lado, cresce o número de objetos feitos das mais variadas formas e com os mais variados materiais, peças sem relação alguma com as antigas categorias das artes visuais. Nos velhos tempos da pintura, esses materiais eram desvalorizados, considerados vulgares, indignos de compor uma Obra de Arte.

No entanto, recentemente, a pintura e a escultura começaram a perder algumas de suas características. O elemento narrativo da obra, no contexto das artes visuais, foi o primeiro a ser descartado, dando-se lugar à visualidade pura (Seurat), e ficou entendido que com os meios próprios das artes visuais era possível dizer aquilo que não poderia ser expresso em palavras. A tarefa de contar histórias ficou, portanto, com a literatura. O desaparecimento da narrativa levou ao desaparecimento das formas que imitavam a natureza visível, e (com Kandinsky) entraram em cena as primeiras formas abstratas. Estas ainda apresentavam cores e tons, mas o elemento natural e representativo foi deixado de lado (por Mondrian), em privilégio de uma cor e de uma forma que se apresentavam como cor e como forma, nada mais. Dali em diante, era praticamente inevitável que surgissem pinturas feitas inteiramente de uma cor (Klein). Esta é uma versão bastante resumida da história, mas esses são certamente os marcos do desaparecimento das antigas categorias da arte. Mais tarde, a pintura é perfurada, cortada e queimada viva (Fontana, Burri), e assim dá-se o adeus definitivo às técnicas que nada mais têm a dizer ao homem moderno.

Os artistas da atualidade procuram avidamente por algo que resgate o interesse das pessoas, distraídas que estão diante de tantos estímulos visuais, todos clamando por atenção. Ao visitar uma exposição de arte nos dias de hoje, você provavelmente verá objetos simples e imensos, a ponto de ocupar o espaço inteiro, alguns baseados em equilíbrio, outros em cinética. Verá peças feitas de aço inoxidável com excremento de gaivota, todos os tipos possíveis de laminados de plástico, plásticos rígidos ou infláveis, sucata e animais vivos. O que o artista mais deseja é que o público participe da obra. Ele busca uma oportunidade, ele quer vender seus trabalhos em redes de lojas, assim como é vendido qualquer outro produto comercial, despido de mistério e por um preço justo.

Contudo, o que está por trás dessa ansiedade que leva os artistas a abandonar técnicas tradicionais eficazes e certos mercados para vender artigos produzidos em massa em lojas, em vez de vendê-los em galerias?

Provavelmente o desejo de se inserir novamente na sociedade, de restabelecer contato com o próximo, de criar uma obra de arte que seja para todos, não apenas para alguns poucos endinheirados. Os artistas querem resgatar o público que há muito se distanciou das galerias de arte, querem romper o circuito formado por Artista — *Marchand* — Crítico — Galeria — Colecionador.

Eles querem destruir o mito do Grande Artista, da Obra-Prima valiosíssima, da Coisa Especial, única, divina.

Os artistas perceberam que o valor subjetivo está perdendo importância quando comparado com o valor objetivo, passível de ser compreendido por um número maior de pessoas.

Assim, se a meta é vender objetos produzidos em massa para um grande público e por um preço acessível, a questão passa, então, à esfera do método e do *design*. O artista precisa recuperar a modéstia que tinha quando a arte era apenas uma troca comercial, e, em vez de desvalorizar o mesmo público que está tentando atrair, deve descobrir do que esse público necessita, para então se comunicar com ele novamente. É por essa razão que o artista tradicional está se transformando em *designer*. Tendo eu mesmo passado por essa transformação ao longo da minha vida profissional, posso dizer que este livro é também uma espécie de diário no qual procuro investigar as razões e consequências dessa metamorfose.

Bruno Munari
1970

Apresentação
As máquinas inúteis

Muitas pessoas me conhecem como "aquele homem que fez as máquinas inúteis", e ainda hoje recebo pedidos desses objetos que desenhei e construí por volta de 1933. Naquela época, imperava o movimento "Novecento italiano", com aqueles seus mestres seriíssimos, e todas as revistas de arte só falavam dessas manifestações artísticas rígidas. E eu, com as minhas máquinas inúteis, era motivo de riso., principalmente porque elas eram construídas com papel-cartão pintado em cores banais e, por vezes, com uma bolha de vidro — tudo apoiado em pequenas hastes de madeira extremamente frágeis e fios de seda. O conjunto precisava ser muito leve, para que girasse com o mais sutil golpe de ar, e a linha de seda era ideal para evitar que tudo se enroscasse.

Como riam os meus amigos, até aqueles que eu mais admirava pela energia que dedicavam ao próprio trabalho. Quase todos tinham em casa uma das minhas máquinas inúteis — no entanto, deixavam no quarto das crianças, por serem absurdas e sem valor, enquanto adornavam a sala de estar com as esculturas de Marino Marini e os quadros de Carrà e Sironi. Claro que, comparado a um quadro de Sironi, no qual se vê uma unhada de leão, eu, com meu papel-cartão e minhas linhas de seda, não poderia mesmo ser levado a sério.

Mais tarde, esses amigos descobriram Alexander Calder, que construía móbiles, mas seus móbiles eram de ferro, pintados de preto ou alguma outra cor impactante. Calder imediatamente conquistou nosso círculo, e eu passei a ser visto como seu imitador.

Qual é a diferença entre as minhas máquinas inúteis e os móbiles de Calder? Acho melhor deixar claro: além de os materiais usados serem distintos, os métodos de construção diferem muito entre si. Eles têm em comum apenas duas coisas: ambos são objetos suspensos e ambos giram. Mas há muitos objetos suspensos, sempre houve. Além disso, meu amigo Calder tem ele próprio um precursor, Man Ray, que em 1920 construiu um objeto com os mesmos princípios depois usados por ele.

Há uma relação de harmonia entre todos os elementos que compõem uma máquina inútil. Façamos de conta que temos uma esfera de vidro (ilustração A). A partir dela, nós extraímos o disco $A+\frac{1}{3}R$ ao somar um terço do raio da esfera ao diâmetro da própria esfera e marcar as dimensões da bolha de vidro dentro do disco de papel-cartão. O diâmetro desse disco determina as outras duas formas geométricas B e 2B (uma sendo exatamente o dobro da outra). O verso dessas formas é pintado como o negativo da parte da frente. As varas de madeira nas quais as formas são presas também têm a medida definida pelo diâmetro da esfera: 3A, 5A, 6A. Todas as peças são então equilibradas e penduradas em um fio de seda.

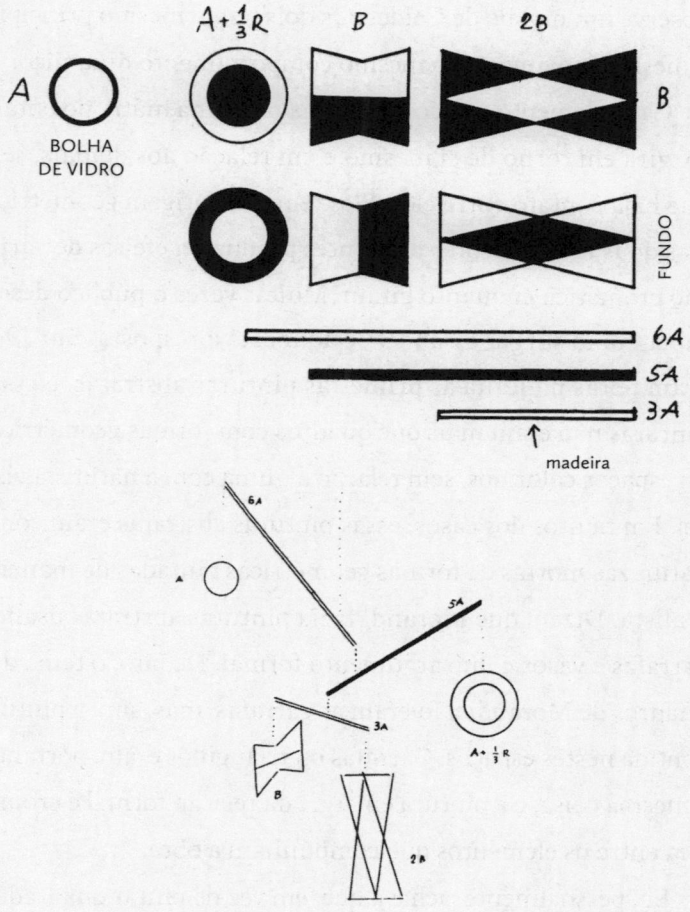

A natureza dos móbiles é em si diferente, a inspiração parece vir do reino vegetal. Poderíamos dizer que Calder foi o primeiro escultor de árvores. Há diversos escultores de figuras humanas e de animais, mas de árvores no sentido de coisas vivas que oscilam, com ramos e folhas de dimensões progressivas, isso nunca houve. Pegue um galho ainda com sua folhagem e observe um móbile de Calder. Os dois têm o mesmo princípio, o mesmo movimento, o mesmo comportamento dinâmico.

Cada elemento que compõe uma máquina inútil, no entanto, gira em torno de si mesmo e em relação aos demais, sem que haja contato entre eles. Eles têm uma origem geométrica, e as duas faces de cores diferentes produzem efeitos de variação cromática enquanto giram. Muitas vezes o público deseja saber como surgiu essa ideia e aqui está a resposta. Em 1933 eram feitas na Itália as primeiras pinturas abstratas, e essas pinturas não eram mais que quadros com formas geométricas ou espaços coloridos, sem relação alguma com a natureza visível. Em muitos dos casos, essas pinturas abstratas eram como naturezas mortas de formas geométricas pintadas de maneira realista. Dizem que Morandi fazia pinturas abstratas usando garrafas e vasos como argumento formal. De fato, o tema dos quadros de Morandi não eram as garrafas, mas, sim, a pintura contida nestes espaços. Garrafas ou triângulos eram, portanto, a mesma coisa, e a pintura emergia da relação formal e cromática entre os elementos que compunham a obra.

Eu, pessoalmente, achava que, em vez de pintar quadrados, triângulos ou outras formas geométricas dentro da atmosfera ainda realista de um quadro verista (pense em Kandinsky), talvez fosse interessante libertar as formas abstratas da natureza estática da pintura e suspendê-las no ar, presas umas às outras de modo que vivessem conosco no nosso próprio ambiente, sensíveis à atmosfera da vida real, do ar que respiramos. Foi o que eu fiz. Recortei as formas, projetei-as de forma que tivessem relações harmônicas umas com as outras, calculei as distâncias entre as partes e pintei a parte de trás (o lado que nunca pode ser visto em um quadro) com uma cor diferente, de modo que, ao girarem no ar, produzissem combinações variadas. Eu as fiz muito leves e utilizei linhas de seda para mantê-las girando o máximo possível.

Não sei se Calder teria partido do mesmo princípio que eu, o fato é que confirmamos, juntos, a passagem da arte figurativa de duas, ou mesmo três, dimensões para uma quarta dimensão: o tempo.

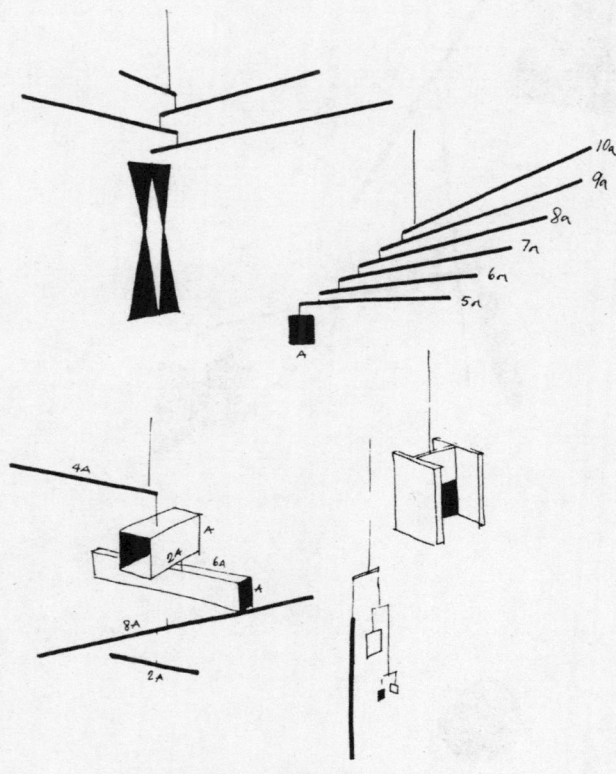

Máquinas inúteis, 1935/45

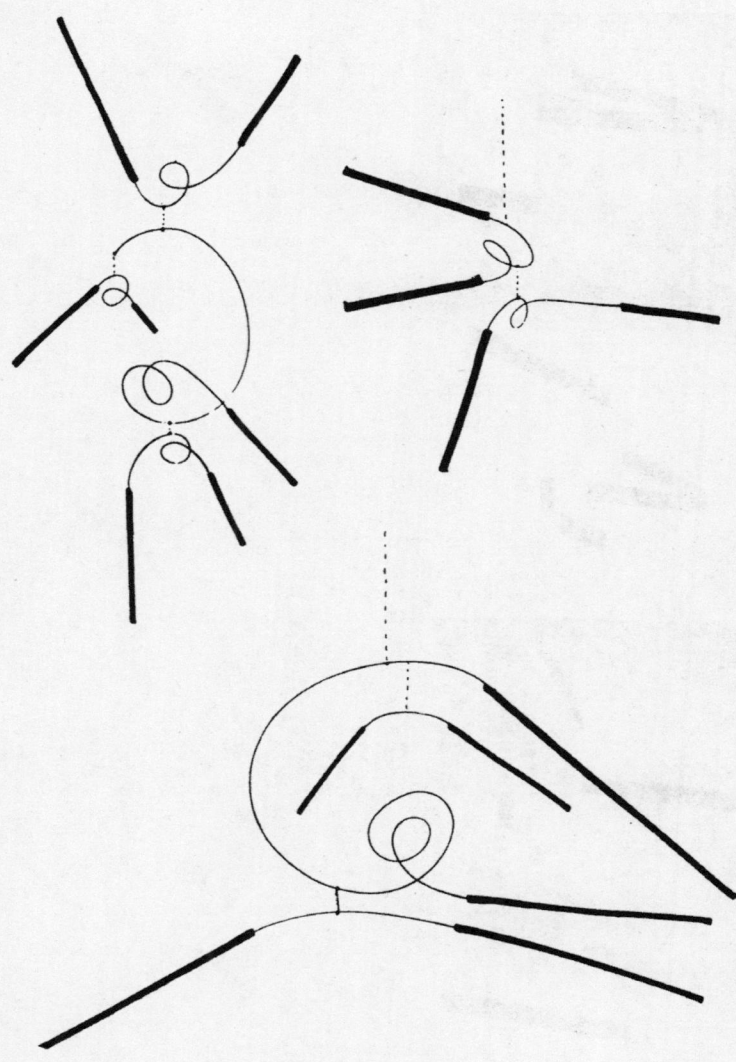

Outros tipos de "máquinas inúteis" projetadas no período de 1935 a 1954, construídas com madeira de balsa, papel-cartão e linha de seda. Algumas eram feitas com fios de aço elástico e varas de madeira. Os elementos eram sempre amarrados com linhas de seda. O fio de aço conferia uma elasticidade particular às hastes de madeira.

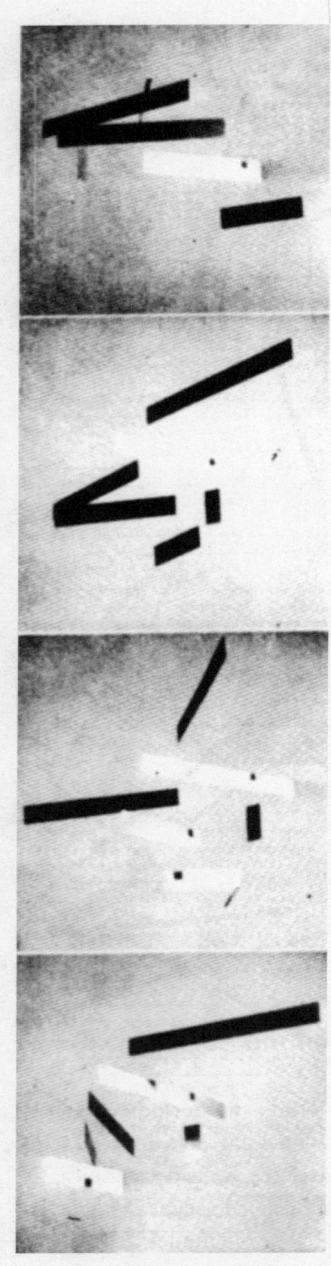

Máquina inútil produzida em série, feita de alumínio (1952)

O nome "máquina inútil" pode gerar muitas interpretações. Minha intenção era que os objetos fossem entendidos como máquinas, por serem feitos de várias partes móveis, presas umas às outras, e também porque a famosa alavanca (que não é mais que uma barra de ferro, madeira ou outro material) é uma máquina, embora rudimentar. São inúteis na medida em que não produzem bens de consumo, como as outras máquinas, não substituem mão de obra nem aumentam o capital. Alguns, no entanto, defendiam que as máquinas eram extremamente úteis, por produzirem bens espirituais (imagens, senso estético, cultivo do bom gosto, informações cinéticas, etc.). Outros confundiam as máquinas inúteis, que pertencem ao mundo da estética, com aquelas humorísticas que projetei quando era estudante, com o único objetivo de fazer os amigos rirem. Essas máquinas humorísticas foram depois publicadas pela Einaudi em um livro, há muito esgotado, intitulado *As máquinas de Munari*. Eram projetos para construções estranhas, feitas para balançar o rabo de cães preguiçosos, prever o nascer do sol, fazer o soluço soar como música e outras bobagens. Elas tinham como inspiração o famoso designer americano Rube Goldberg.

"As máquinas não existiriam sem nós, mas a nossa existência não seria mais possível sem elas." (Pierre Ducassé)

Arte como ofício

Hoje é necessário demolir o mito do artista-estrela, que produz apenas obras-primas para um grupo seleto de pessoas ultra inteligentes. É preciso que se compreenda que enquanto a arte estiver alheia aos problemas da vida, ela irá interessar apenas a poucas pessoas. Com a cultura atualmente se tornando de massa, o artista deve descer de seu pedestal e se dignar a projetar a placa do açougue (se ele souber fazê-lo). O artista deve se desfazer do que lhe resta de romantismo e se tornar um homem ativo entre os outros homens, conhecedor das técnicas atuais, dos materiais e dos métodos de trabalho. E isso sem abandonar seu inato senso estético, responder com humildade e competência às demandas que outras pessoas possam lhe dirigir.

O designer dos dias atuais restabelece o contato há muito perdido da arte com o público, entre pessoas vivas, e a arte como algo também vivo. Não mais o quadro para a sala de estar, mas eletrodomésticos para a cozinha. Não deve haver uma arte descolada da vida, com coisas belas para serem contempladas e coisas feias para serem usadas. Se o que usamos no dia a dia for feito com arte — não por acaso ou capricho —, não teremos nada a esconder.

Todos que atuam na área do design têm pela frente uma difícil tarefa: libertar a mente das pessoas dos preconceitos relativos à arte e aos artistas, preconceitos de origem acadêmica na qual se condiciona o indivíduo a pensar de uma determinada forma por toda a vida, sem considerar que a vida muda, hoje mais rapidamente do que nunca. Portanto, cabe a nós, designers, divulgar nossos métodos de trabalho de forma clara e simples, os métodos que nós consideramos os mais verdadeiros, mais atuais, mais adequados para resolver os problemas estéticos comuns. Quando uma pessoa usa um objeto desenvolvido por um designer, percebe a presença de um artista que trabalhou para *ela*, melhorando sua qualidade de vida e a encorajando a desenvolver seu bom gosto e sua noção de beleza.

Quando damos um lugar de destaque na sala de estar a um antigo vaso etrusco que consideramos belo, com as proporções perfeitas, construído com precisão e economia, devemos lembrar que esse vaso já teve um uso bastante ordinário. Provavelmente era usado para guardar óleo de cozinha, foi feito por um designer da época, quando arte e design andavam lado a lado, e não se fazia essa distinção entre um objeto de arte para ser contemplado e um objeto qualquer, de uso diário.

Foi com muito prazer, portanto, que aceitei a proposta da editora Laterza de publicar os artigos que escrevi originalmente para o jornal milanês *Il Giorno*. Ao conjunto, acrescentei outros textos e diversas ilustrações que não foram publicados no jornal diário por falta de espaço.

Espero realmente que outros designers façam esforços similares de divulgação do nosso ofício, pois nossos métodos de trabalho se confirmam, todos os dias, como a maneira mais adequada de reconquistar a confiança dos homens em geral e de dar sentido a nosso estilo de vida atual.

O design nasce em 1919, quando Walter Gropius funda a Bauhaus em Weimar. No programa desta escola se lê:

Sabemos que apenas as técnicas do fazer artístico podem ser ensinadas, a arte em si, não. No passado, foi dada à arte uma importância formal que a separava da nossa existência diária; mas a arte está sempre presente quando um povo vive de forma sincera e sadia.

Nossa tarefa é, portanto, inventar um novo sistema de educação que possa conduzir — por meio de um novo modelo de ensino especializado de ciência e tecnologia — a um completo conhecimento das necessidades humanas e a uma percepção universal delas.

Dessa forma, nossa tarefa é formar um novo tipo de artista, um criador capaz de compreender toda e qualquer necessidade: não por ele ser um prodígio, mas, sim, por saber dedicar-se às necessidades humanas seguindo um método preciso. Queremos torná-lo consciente do seu poder criativo, destemido diante de fatos novos e livre de fórmulas em seu próprio trabalho.

A partir de então, assistimos a uma sucessão, cada vez mais rápida, de estilos no mundo da arte: a Arte Abstrata, o Dadaísmo, o Cubismo, o Surrealismo, o Informal, o Neoabstracionismo, o Neossurrealismo, o Neodadá, a Pop e a Op; um devorando o outro, nos levando sempre a começar de novo.

As palavras de Gropius permanecem válidas, o programa dessa primeira escola de design pretendia formar um novo tipo de artista, um artista que servisse à sociedade e a ajudasse a encontrar um equilíbrio, para que ela deixasse de oscilar entre um falso mundo no qual se vive uma vida material e um mundo ideal, no qual se refugia moralmente.

Quando os objetos que utilizamos no nosso dia a dia e o ambiente no qual vivemos tiverem se transformado eles próprios em obras de arte, então poderemos dizer que atingimos um equilíbrio vital.

# Designers e estilistas

O que é um designer

É um projetista com senso estético. Dele depende, em boa parte, o sucesso de alguns produtos industriais. Quase sempre a forma de um objeto, seja ele uma máquina de escrever, um binóculo, uma poltrona, um ventilador, uma panela ou uma geladeira, determina as vendas: quanto melhor for o design, mais sucesso de vendas terá.

O termo "designer" surgiu nos Estados Unidos e não tem tradução exata em português. Na Itália se chama Desenhista Industrial, mas não é a mesma coisa. Não se refere ao *desenhista industrial*, que desenha peças mecânicas ou máquinas, oficinas ou outros tipos de construção especializada. Se ele projetar uma lambreta, por exemplo, não dará muita importância à estética, ou então partirá de uma interpretação pessoal de como uma lambreta deve parecer. Certa vez perguntei a um engenheiro que havia projetado uma moto por que ele tinha escolhido aquela determinada cor, e ele me respondeu que era a mais barata de todas. O desenhista industrial, portanto, encara o aspecto estético do trabalho simplesmente como uma etapa de finalização do objeto, e, embora ele o faça da forma mais cuidadosa possível, tende a evitar problemas estéticos ligados à cultura moderna, preocupando-se apenas com aquilo que é considerado útil. Um engenheiro nunca deve ser pego no flagra escrevendo poesia. Já o designer trabalha de outra forma. Ele dá a justa importância a cada componente do objeto que desenvolve, e sabe que a forma final desse objeto tem valor psicológico determinante no momento em que um comprador está decidindo o que levará para casa. O designer procura, portanto, dar ao objeto a forma mais coerente possível com sua função — forma esta que, muitos diriam, nasce quase espontaneamente, sugerida pela função, pela parte mecânica (quando há uma), pelo material mais apropriado, pelas técnicas de produção mais modernas, pela análise dos custos e por outros fatores de caráter psicológico e estético.

Nos primórdios do Racionalismo, afirmava-se que um objeto era belo quando era funcional — somente sua função estritamente prática era levada em consideração. Para apoiar esse argumento, eram citados como exemplos as ferramentas de trabalho, os instrumentos cirúrgicos etc. Hoje em dia, nossa avaliação não é mais pautada pela beleza, mas pela coerência formal. E mesmo a função "decorativa" de um objeto é considerada um elemento psicológico. Porque beleza, em linhas gerais, pode ser definida como estilo, e é frequente a necessidade de encaixar tudo em determinado estilo, só por se tratar de um estilo novo. Não à toa, em um passado recente, vimos surgir o estilo aerodinâmico, aplicado não apenas a aviões e automóveis, mas também a ferros de passar roupa, carrinhos de bebê e poltronas. Eu cheguei a ver, em Bolonha, um carro funerário aerodinâmico, que é o máximo ao qual o estilo aerodinâmico pode aspirar (acelerar a viagem do falecido para o lado de lá?).

Então, de forma geral, nós abandonamos a ideia de beleza como algo atrelado ao aspecto técnico de uma coisa, como uma carroceria de carro estilosa ou uma ornamentação de bom gosto inspirada na obra de um grande artista. No lugar disso, nós adotamos a coerência formal, semelhante àquela que vemos na natureza: uma folha tem a forma que tem por provir de uma árvore específica e desempenhar uma função específica; sua estrutura é determinada pelas nervuras que transportam a seiva; sua configuração parece ter sido desenvolvida por matemáticos. Ainda assim, há diversos tipos de folha, e as folhas de uma mesma árvore são ligeiramente diferentes entre si. Porém, se víssemos uma folha de figo em um salgueiro-chorão, teríamos a sensação de algo estar errado. Faltaria coerência, pois uma folha de figo não pode nascer em um salgueiro-chorão. Uma folha é bela não por ser estilosa, mas por ser natural, criada da exata forma que corresponde à sua função. O designer busca construir um objeto com a mesma naturalidade com a qual as coisas se formam na natureza. Ele não restringe o projeto ao seu gosto pessoal, tenta, antes, ser objetivo. Ele ajuda o objeto a se configurar a partir de seus próprios recursos, por assim dizer, para que um ventilador venha a ter justamente a forma de um ventilador e um frasco bojudo de vinho Chianti venha a ter a forma do vidro soprado, assim como um gato terá sempre o corpo coberto de pelos de gato. Cada objeto assume a forma que lhe cabe. Claro que não se trata de algo definitivo, porque as técnicas mudam, novos materiais são descobertos e, a cada inovação, o problema surge novamente, podendo levar a uma mudança de forma.

Houve um tempo em que se pensava em termos de belas-artes e arte comercial, arte pura e arte aplicada. Existiam, então, máquinas de costura produzidas por engenheiros e ornadas com ouro e madrepérola por um artista. Hoje não há mais essa distinção entre essas categorias de arte, não há mais uma arte maior e uma arte menor. A definição de arte que causou tanta confusão e tantos imbróglios nos últimos tempos está perdendo prestígio, a arte está voltando a ser um ofício como era antigamente, quando o artista era chamado pela sociedade para produzir obras de comunicação visual (chamadas de afrescos) para informar o povo sobre determinado evento religioso. Hoje, o designer (neste caso, o designer gráfico) é chamado para produzir uma peça de comunicação visual (chamada de pôster) para informar o público sobre alguma novidade de determinado setor. E por que chamam o designer para produzir um anúncio e não o pintor com seu cavalete? Porque o designer domina os recursos de impressão e as técnicas adequadas, ele usa as formas e as cores de acordo com o efeito psicológico que provocam. Não é como se ele se limitasse a fazer um esboço que depois o tipógrafo reproduz da maneira que pode. Ele explora as técnicas de impressão para criar seu pôster.

O designer é, portanto, o artista da nossa época. Não por ser um gênio, mas por restabelecer, com seu método de trabalho, o contato entre a arte e o público, por encarar com humildade e competência qualquer pedido que lhe seja feito pela sociedade na qual vive, porque domina seu ofício e as técnicas e os meios mais adequados para resolver quaisquer problemas relacionados a design. Porque, enfim, dedica-se às necessidades humanas da contemporaneidade, ajudando as pessoas a resolver determinados problemas, independentemente de preconceitos contra um ou outro estilo ou de falsas concepções do que é qualidade artística decorrentes da cisão das artes.

"A função precede a forma." (Jean-Baptiste Lamarck)

O designer atua em um vasto setor da atividade humana. Há o designer visual, o designer industrial, o designer gráfico e o designer de pesquisa.

O designer visual se dedica às imagens cuja função é oferecer uma comunicação e uma informação visuais: os signos, os sinais, os símbolos, o significado das formas e das cores e as relações entre elas.

O designer industrial se dedica aos objetos funcionais, criados conforme as regras da economia e o estudo dos recursos técnicos e materiais.

O designer gráfico atua no mundo da imprensa, das editoras de livro, da publicidade, ou seja, onde quer que haja necessidade de organização da palavra escrita, seja sobre uma folha de papel, seja no rótulo de uma garrafa.

O designer de pesquisa realiza experimentos com estruturas, sejam elas plásticas ou visuais, em duas ou mais dimensões. Ele investiga as possibilidades de combinação de diversos materiais, busca desvendar imagens e métodos no campo tecnológico e realiza pesquisas de imagens por meio de gravações.

Arte pura e arte aplicada

Antes havia a arte pura e a arte aplicada. As formas nasciam no sigilo das torres de marfim, graças a uma inspiração divina. Os Artistas, por sua vez, as exibiam apenas aos iniciados, e sempre na configuração de pintura ou escultura, os únicos meios de comunicação das velhas formas de arte.

Ao redor do Gênio Artístico circulavam outros gênios menores que absorviam as formas puras e o Estilo do Mestre, aplicando-os a objetos de uso comum. Nascia, assim, a prática de criar objetos pertencentes a esse ou àquele estilo, e até hoje o problema do Estilo não foi de todo descartado.

A distinção entre arte pura, arte aplicada e desenho industrial ainda existe, especialmente na França, país que um dia foi o berço da arte. Aquilo que nós chamamos "design" é chamado pelos franceses de *"esthétique industrielle"*, expressão que se refere à aplicação, no âmbito industrial, dos estilos inventados pelas artes puras.

Não é à toa que na França se façam lâmpadas inspiradas em formas abstratas, perdendo-se de vista que uma lâmpada serve para produzir luz. Eles criam projetos de televisores surrealistas, mesas dadaístas, móveis informalistas, sem levar em conta que os objetos têm um uso específico e uma função bem determinada, e que eles não são mais feitos por artesãos que manufaturam um belo molde em cobre, mas por máquinas automatizadas que produzem milhares de objetos ao mesmo tempo.

O que é então esse tal de design se não é estilo nem arte aplicada? Design é elaboração, a elaboração mais objetiva possível de tudo aquilo que compõe o ambiente no qual vivemos. Esse ambiente é formado por todos os objetos que a indústria produz, dos copos às casas e às cidades. É a elaboração levada a efeito sem preconceitos de estilo, com o simples intuito de conferir a cada coisa sua estrutura lógica, sua matéria lógica e, consequentemente, sua forma lógica.

Sendo assim, pertence ao passado todo esse papo dos nossos amigos franceses sobre harmonia sóbria, sobre beleza e proporção, sobre equilíbrio entre espaços cheios e vazios (típico de análises acerca da escultura), sobre perfeição estética (Classicismo?), sobre o encanto do material empregado, sobre o equilíbrio das formas. Hoje, ao avaliarmos um objeto, buscamos entender se ele apresenta uma forma coerente com seu uso, se o material de que é feito é condizente com as possibilidades de construção e os custos de produção, se as partes que o constituem estão integradas de forma lógica. É, portanto, uma questão de coerência.

A beleza como é entendida no contexto das belas-artes, o senso de equilíbrio das obras-primas do passado, a harmonia e tudo o mais simplesmente não fazem sentido para o design. Se a forma de um objeto por acaso resultar em algo "belo", será graças à lógica da sua construção e à precisão da solução encontrada para seus diversos componentes. Ele será "belo" por ser correto. Um projeto certeiro produz um objeto belo, mas belo não por parecer uma escultura, belo em si, sem comparações.

Se você quiser saber mais sobre beleza, do que se trata exatamente, pesquise sobre história da arte. Você verá que cada época tem sua Vênus, e que todas as vênus (ou apolos), se forem reunidas e comparadas fora da época a que pertencem, não serão nada mais do que uma família de monstros.

O belo não é belo porque é belo, disse o sapo à sapa, o belo é belo porque agrada a alguém.

"O maior erro pedagógico da academia foi o de mirar no gênio e não na média." (Bauhaus)

Uma linguagem viva

"A boa linguagem, sozinha, não salvará a humanidade. No entanto, buscar as coisas que jazem por trás dos nomes nos ajudará a compreender a estrutura do mundo no qual vivemos. A boa linguagem nos ajudará a nos comunicarmos uns com os outros, a falar sobre as realidades do nosso meio, no qual agora falamos de forma obscura, em línguas estranhas." (Stuart Chase, *The Tyranny of Words* [A tirania das palavras]).

"E pera dizer tudo, temo e creio/ Que qualquer longo tempo curto feja;/ Mas pois o mandas, — tudo fe te deve —/ Hirei contra o que devo e ferei breve." É possível discursar para o público de hoje usando a língua do século XVI? Provavelmente ninguém entenderia nada ou entenderia mal.

Da mesma forma que há línguas mortas, é natural que haja também modos de expressão e comunicação em desuso. Sabe-se que, para comunicar uma mensagem, não se usam apenas palavras, em certos casos usam-se também imagens, cores e formas, símbolos, signos e sinais. Assim como há palavras de outras épocas, há cores, formas, símbolos, signos e sinais que, na nossa época, não carregam significado algum ou passaram a transmitir uma mensagem diversa.

O que uma placa com o nome "ferreiro" significa para as crianças de hoje? Para as crianças de 1900 significava muito, causava inclusive fascínio. Ao ver aquela placa, a criançada corria para admirar o espetáculo: o ferreiro martelando a ferradura escaldante sobre a bigorna, aquecendo-a algumas vezes na fornalha que soltava fagulhas como fogos de artifício e depois pregando-a sob o casco do cavalo enorme e impassível, amarrado a um anel de ferro preso à parede externa daquela catacumba escura e fumacenta.

Hoje, uma criança da cidade talvez nem sequer saiba o que é uma ferradura de cavalo, pois esse objeto, que um dia foi símbolo, distintivo, sinal evocador de tantas imagens e significados, tornou-se mero amuleto da sorte.

É possível apontar mudanças similares quanto às cores usadas para fins de comunicação visual. Se voltamos nossa atenção para épocas passadas, perceberemos que havia longos períodos de dominância de certas cores e formas, períodos nos quais as cores eram sempre terrosas e as formas eram duras, períodos nos quais todas as cores eram usadas, períodos nos quais tudo era resolvido com três ou quatro cores. E assim foi até a nossa época, na qual, graças à química, aos materiais plásticos e a outras invenções, o campo das cores virou um caos completo.

Se usássemos as cores do período Art Nouveau nas placas de trânsito, elas certamente se camuflariam no ambiente. Naquela época, eram utilizadas combinações muito refinadas de cores. A embalagem do talco Roberts e o rótulo do licor Strega nos dão uma vaga noção disso. Era então costume combinar rosa com amarelo, marrom com azul, cor café com cor de cacau, verde-ervilha com violeta. Havia também a combinação inusitada de tons, o vermelho com azul-celeste (em vez de vermelho com azul-escuro), por exemplo. Conseguimos imaginar uma placa de "proibido ultrapassar" pintada de roxo, com o desenho de um automóvel cor café e outro cor de cacau? Sim, conseguimos, como exercício de imaginação, mas certamente não seria possível usá-la na sinalização de trânsito.

No passado, certo grupo de cores, suponhamos que todas fossem de tons escuros, era usado de forma indiscriminada por todos os setores da atividade humana. As cores usadas na decoração não se distinguiam muito das cores do vestuário e das cores dos carros — hoje, no entanto, há cores distintas para cada caso. Para a sinalização de trânsito usam-se o vermelho, o azul e o amarelo, que carregam significados bem precisos, além do verde dos semáforos; para a publicidade, cores vivas e comuns, ou então sofisticadas, conforme cada caso; para a imprensa, o monótono processo de quatro cores (ciano, magenta, amarelo e preto); já para a moda, usam-se todas as cores, de forma cíclica.

Antigamente, as imagens eram quase todas pintadas, desenhadas ou esculpidas e reproduziam o visível e o reconhecível. Hoje, pode se ver também o invisível: o que o olho humano não vê nos é revelado por máquinas. Radiografias, imagens do mundo microscópico, criações artísticas. Máquinas que nos fazem ver músicas, sons e ruídos sob a forma de ondas luminosas, máquinas que nos mostram a fotoelasticidade em cores por meio da luz polarizada, máquinas que diminuem a velocidade das imagens em movimento, até multiplicá-las e nos mostrar cada sequência mínima de instante dilatado. E há também as luzes que agora fazem parte da paisagem noturna, luzes fluorescentes, luzes a vapor de sódio, neon, luz negra. Além das formas, as formas verdadeiras e, portanto, exatas e belas, dos

Uma placa de curva perigosa no estilo Luís XIV. Sempre houve curvas perigosas, mesmo no tempo de Luís XIV. No entanto, naquela época não havia placas de trânsito, mas, sim, brasões nobiliários. À medida que a velocidade e o tráfego aumentam, vão diminuindo, na mesma proporção, os ornamentos, até chegar à sinalização de trânsito dos tempos atuais. A linguagem visual muda de acordo com as necessidades do dia a dia.

aviões, dos mísseis, formas determinadas pela velocidade, em outras épocas inconcebíveis. Formas que vemos todos os dias, cores e luzes da nossa época. Aceitar, conhecer e usar esses meios significa expressar-se com a linguagem de hoje, feita para o indivíduo de hoje.

Uma rosa com forma de rosa

Suponhamos, então, que você se aproxima e vê que se trata de uma rosa artificial. Em seguida, se dá conta do material de que ela é feita — seda, plástico ou papel. Mas à primeira vista você estava certo de uma coisa, de que se tratava de uma rosa. Esse fato aparentemente insignificante é cuidadosamente estudado nos dias de hoje e faz parte dos problemas da comunicação visual.

Psicólogos, pesquisadores e designers de todo o mundo buscam entender e estabelecer regras objetivas para o emprego cada vez mais preciso desses recursos de comunicação visual.

A utilização mais ampla de símbolos em escala mundial, como os que são usados na sinalização de trânsito e em produtos e marcas registradas, exige uma absoluta clareza de expressão. Não se pode levar em conta somente o gosto local. Se determinada comunicação visual tem como alvo pessoas de origens diferentes, de diversas partes do mundo, é crucial que a mensagem não dê margem a interpretações incorretas. Por outro lado, há a rapidez de leitura desses sinais e símbolos com os quais todos já estão familiarizados. Essa leitura tem relação com condicionamento, e ocorre instintivamente, sem o uso da razão, como quando pisamos no freio do carro ao avistarmos o disco vermelho do semáforo. Estamos rodeados por uma infinidade de estímulos visuais, de anúncios publicitários que passam rapidamente pela janela do carro a sinais luminosos e luzes piscantes, isto é, uma multiplicidade de imagens que, juntas, investem sobre nós tentando comunicar algo.

Giotto architetto

Em qualquer lugar do mundo, essa tipografia transmite a mesma mensagem imediata: história em quadrinhos. Mesmo antes de lermos o que está escrito. É óbvio que o título de um ensaio sobre o arquiteto Giotto não poderia ser escrito dessa forma. Sei que é um exemplo extremo e que ninguém usaria essa tipografia nesse contexto, mas o exagero muitas vezes lança luz sobre outros aspectos de um problema (neste caso, um problema de design gráfico). Entre os caracteres deste exemplo e os verdadeiramente adequados, há uma infinidade de tipos que podem ser escolhidos. Não raro uma empresa se recusa a consultar um designer gráfico e acaba usando, por exemplo, caracteres adequados a uma propaganda de queijo para apresentar um livro sobre mestres da pintura. E pode acontecer de nos depararmos com um cartaz de divulgação da Bíblia que, à primeira vista, nos parece um anúncio de cerveja.

Dentro de nós ocorre uma contínua catalogação de estímulos. Quase sem nos darmos conta, organizamos todas essas imagens, descartando as que não nos interessam. Sabemos, por exemplo, que as placas de trânsito ficam posicionadas a uma certa altura e possuem cores e formas específicas.

Essa organização que estabelecemos para as imagens nos ajuda a interpretá-las mais rapidamente, já que, nos dias atuais, é necessário reflexo ágil para não perder tempo com coisas insignificantes.

Há dentro de nós (claro, com as devidas variações de pessoa para pessoa) grupos de imagens, de formas e de cores que compartilham um mesmo significado. Há cores, formas e imagens de aspecto masculino e outras de aspecto feminino, cores quentes e cores frias, imagens de violência e imagens de doçura, imagens ligadas à cultura e à arte e imagens comuns. É evidente que se eu fizer uma propaganda para uma campanha do setor cultural, para a divulgação de obras pictóricas, por exemplo, não vou poder usar cores comuns, nem uma tipografia associada a anúncios de produtos alimentícios ou métodos de composição banais. Em vez disso, devo transmitir imediatamente a informação de que se trata de algo elevado, diferente das coisas comuns. Muitos pensam que o público não compreende esses aspectos, mas não é questão de compreensão. Há todo um mecanismo que funciona sozinho, independentemente da lógica e da razão. É verdade que um anúncio, mesmo malfeito, quando é amplamente divulgado, alcança seu objetivo, mas o mesmo objetivo pode ser alcançado com menos desperdício e mais eficácia.

Infelizmente há muita confusão e desperdício nas mensagens que nos cercam, e, não raro, elas nos cansam pela petulância, pela insistência em tentar nos comunicar coisas que não nos interessam e, ainda por cima, da pior forma possível.

Há um mostruário americano que apresenta 1.200 opções de cores, e ele deixa muitas de fora. Não há por que usar o mesmo vermelho como cor de fundo de anúncios diferentes: de pneus, de perfumes, de produtos alimentícios... O olhar do espectador é tomado de forma violenta e confusa, e sua primeira impressão, aquela que determinará o interesse ou a falta de interesse pelo produto, torna-se vaga e indefinida.

O mesmo vale para as formas. Há produtos no mercado que exigem um esforço imenso para que se entenda para que eles servem. Nessa confusão, uma escova pode ter a forma de um gato, um lustre pode ter a forma de uma balança, uma casa pode parecer um escritório e um escritório pode parecer uma sala, uma agência bancária pode parecer uma oficina elétrica e uma igreja pode parecer um estande de feira.

Os estilistas

Um dos aspectos mais conhecidos do design, e um dos mais simples, é o *styling*. O *styling* pertence à seara daqueles que se consideram artistas, que assinam a obra com desenvoltura, como se assinassem um quadro romântico, daqueles que, quando abrem a boca, geralmente é para fazer referência à poesia e à arte.

O *styling* é um tipo de atividade industrial e, entre todos os ramos do design, é o mais efêmero e superficial. Ele se limita a dar ao produto uma aparência moderna, atual. O estilista trabalha com produtos de alta rotatividade e inspira-se no que está na moda no momento. O "período aerodinâmico" representou a era de ouro para os estilistas.

O que mais interessa ao profissional de *styling* é a linha, a forma escultural, é uma ideia extravagante qualquer. Um toque de ficção científica nunca é demais e tino para elegância é fundamental.

Primeiramente, faz-se o esboço do projeto (suponhamos que seja uma carroceria de carro) com lápis de cor. O estilista desenha com gestos rápidos, talvez no verso de um maço de cigarros. O importante é não deixar escapar a inspiração. Em seguida, o esboço é elaborado e redesenhado em tamanho maior, com lápis crayon (como faziam os artistas de antigamente). Essa segunda versão do desenho é sempre feita em perspectiva, com brilhos, luzes e reflexos: o carro é representado em um ambiente noturno, sobre a estrada molhada, de forma a aumentar o efeito do reflexo. Algo semelhante é visto naqueles projetos de condomínio de chalés, que mostram nuvens ao fundo e árvores na frente das construções, para tornar a cena ainda mais atraente.

Um ferro de passar roupa ou uma lancha? Foi encontrado esse croqui do famoso estilista americano Bernard Tettamanzi (o mesmo que criou aquele fabuloso carro para Peter Zunzer), mas não há indicação de escala no desenho. Não se pode definir a dimensão real do objeto magistralmente desenhado com uma caneta Flomaster. Poderia ser um ferro de passar roupa ou uma lancha. As opiniões variam. Talvez seja simplesmente uma alça com um cabo. De todo modo, tem estilo.

Em seguida é feito um modelo de gesso (como fazem os escultores) e as relações volumétricas e os encaixes são estudados. Enquanto o estilista trabalha, ele sente a presença dos grandes gênios do passado, ele quer que seu projeto esteja à altura da Vênus de Milo ou de uma construção de Palladio, não quer passar vexame. Não à toa, muitas vezes opta-se por fotografar esses carros ao lado de uma grande obra de arte do passado.

Nos Estados Unidos, os estilistas ficam responsáveis por dar uma nova aparência a um carro ou objeto que um dia dominou o mercado, mas que depois ficou parado nos estoques. Mantendo o interior intacto, eles mudam a roupagem do produto, o lançam como uma nova moda e anunciam que a forma anterior está ultrapassada. Assim, todos que se preocupam com a própria dignidade compram imediatamente o modelo novo por medo de serem considerados antiquados.

O que a moda faz exatamente? Ela lhe vende uma roupa feita de um tecido que poderia durar cinco anos e logo em seguida lhe diz que você não deve mais usá-la, porque um modelo novo acabou de ser lançado. Esse princípio serve para vender qualquer coisa. O mote do *styling* é "não se usa mais". Assim que um produto é vendido, eles inventam outro para substituí-lo.

O estilista, portanto, trabalha por contrastes. Se formas curvas estavam na moda ontem, formas quadradas entram na moda hoje. Se antes eram usadas cores leves, agora se usam cores fortes. Não é segredo que a moda feminina funciona de maneira parecida. Uma cor que está muito na moda passa a provocar tamanha saturação visual nas pessoas que elas logo desejam ver em circulação a cor complementar. Assim, um excesso de roxo desperta um desejo pela cor amarela, ou seja, após uma moda baseada no roxo, é quase certo que virá uma moda baseada no amarelo.

É claro que esse método de trabalho está muito distante do verdadeiro método de trabalho do designer, que não leva em conta estilos e formas de "arte pura", pelo simples fato de que uma escultura e um carro representam dois problemas distintos, e que as cores de um quadro nada têm em comum com as cores de objetos de plástico produzidos em massa.

Um designer com um estilo pessoal, determinado *a priori*, é um contrassenso. Não existe estilo pessoal no trabalho do designer. Durante o processo de criação (seja de uma lâmpada, um aparelho de rádio, um eletrodoméstico ou um objeto experimental), a única preocupação do designer é chegar à solução sugerida pelo objeto em si e pela função à qual ele se destina. Sendo assim, objetos diferentes terão formas diferentes, determinadas pelos diferentes usos e materiais e técnicas empregados.

Arte misteriosa

As crianças saem da escola alegres e sorridentes, andando calmamente ou correndo a toda a velocidade, despedindo-se aos gritos, batendo seus livros na cara umas das outras, entre empurrões e apertos de mão. Elas voltam para casa de bicicleta ou de carro preto e prata conduzido por um motorista de quepe e luvas brancas.

Mas, enquanto isso, uma ideia foi plantada na mente delas, uma ideia que muito dificilmente será modificada ao longo de suas vidas. Entre outras coisas, elas aprenderam que arte se limita a pintura, escultura, poesia, arquitetura... Que pintura é feita com tinta a óleo sobre tela, que escultura é de mármore ou de bronze em três dimensões, que poesia se faz com rimas, que arquitetura... Que a forma de arte mais bela é aquela do passado, que a arte moderna acaba no Impressionismo, que a arte visual imita a natureza, que a pintura e a escultura devem carregar um significado (isto é, uma narrativa), caso contrário, não é arte.

Basta uma visita a um museu de verdade para se perceber o que de fato são as artes visuais, como devem ser feitas as pinturas e as esculturas, respeitando, evidentemente, os estilos e as épocas (com exceção da nossa época atual).

No entanto, pode acontecer de essas crianças irem a uma exposição de obras modernas e se verem diante de uma escultura plana — tão plana que, se vista de perfil, desaparece. Ou então diante de uma pintura em alto-relevo, com elementos grossos colados e pintados sobre a superfície, na qual a espessura tem uma importância comunicativa decisiva. Porém o quadro com espessura é emoldurado e colocado em um pedestal. Como elas lidarão com essas contradições?

Mas isso ainda não é nada se comparado àquilo que podem encontrar mais adiante. Uma enorme pintura que retrata um protesto social, na qual se veem trabalhadores rurais recebendo pontapés de capitalistas (um quadro caríssimo, que somente um capitalista poderia adquirir, para pendurar na sala de estar de sua mansão em Varese), porém pintado no estilo impressionista-cubista, com cores fortes, ainda que muito ilustrativo, porque, embora seja uma obra singular, ela deve ser compreendida por todos. Ou então outro tipo de quadro-protesto, feito com peças encontradas no lixo, trapos e ferro-velho (há também esculturas desse tipo), tudo lançado de modo displicente dentro de uma moldura, mas com sentido pictórico. Essa obra de arte, uma obra de arte *singular*, ficará muito bem — que contraste artístico — ao lado da cristaleira com a prataria de uma bela casa burguesa, e mostrará como seus donos são bons com os artistas perversos.

Por que será que nossa época produz obras de arte como essas? Uma pintura monocromática que retrata a tampa de um vaso sanitário. Uma caixa de plástico transparente repleta de dentaduras usadas. Um melro em uma caixa, com a assinatura do artista — dez caixas de meio quilo. Um manequim de vitrine pintado de branco, um conjunto de tecidos de linho amarrado com 100 mil cordas diferentes. Uma máquina que faz rabiscos. Um quadro produzido por jatos de tinta derramados ao acaso. Um cartão-postal de 3 × 2 metros com uma foto da paisagem de Inverigo.[1] Um tubo de pasta de dentes de 12 metros. Um detalhe de uma história em quadrinhos ampliado.

Não seria tudo isso, por acaso, o espelho da nossa sociedade, na qual os incompetentes ocupam cargos de comando, na qual a desonestidade é a norma, na qual a hipocrisia é vista como respeito pela opinião do outro, na qual as relações humanas são falsas, na qual a corrupção é comum, na qual os escândalos são encobertos, na qual mil leis são feitas e nenhuma é respeitada?

Mas e os críticos de arte, que têm a missão de explicar e esclarecer essas questões? Eles dizem que se trata de um canto lírico da imagem direta que evita a linguagem tridimensional, para reintroduzir o homem na problemática semântico-entrópica, como meio para alcançar uma nova dimensão, fora do *kitsch*, que existe em um tempo concreto, lúdico e reversível.

---

1. N. da T. Pequeno município da província de Como, situada na Lombardia.

Isso explica por que os jovens são apaixonados pelos Beatles e moram em casas com belos quadros do século XIX pendurados nas paredes, parecidos com os quadros que eles estudam na escola.

"Por que nos tornamos semelhantes a deuses no que se refere à tecnologia e semelhantes a demônios no que se refere à moral, super-homens na ciência e idiotas na estética — idiotas principalmente no sentido grego, de indivíduos absolutamente isolados, incapazes de se comunicar e entender uns aos outros?"
(Lewis Mumford)

Design visual

Caracterização visual

No mundo da publicidade há Regras para a comunicação e a informação visual. Essas regras nascem das Pesquisas e dos Questionários e resultam em Estatísticas, que nos dizem que um rosto feminino deve ter certas características e não outras, que ele deve ser fotografado deste ou daquele modo, que deve ter determinado tipo de expressão e deve olhar para o público como olha a Monalisa.

As coisas devem ser dessa forma porque o Público assim deseja. E uma vez que essa Regra é uma Regra Geral, todas as mulheres no mundo da publicidade parecem iguais, têm o mesmo rosto e são fotografadas do mesmo jeito. E todas as crianças dos comerciais de farinha láctea, de biscoito, de papinha e de talco são idênticas.

Como distinguimos, à primeira vista, uma propaganda de pneus com uma figura feminina de um anúncio de bebida também com uma figura feminina? Antigamente havia uma empresa que incluía muitas mulheres em todas as suas peças publicitárias. Assim que víamos o anúncio, já sabíamos que era a empresa fazendo a propaganda de seu ... Não consigo me lembrar do que eles vendiam. Hoje em dia, há máquinas fotográficas que fotografam do mesmo jeito e tiram o mesmo tipo de foto para todos os produtos.

Parece-me óbvio, então, que seja necessário acrescentar às Regras Gerais para um bom anúncio publicitário uma nota de pé de página sobre a chamada "caracterização", por meio da qual uma propaganda de pneus, sem perder sua eficácia, consiga se distinguir dos anúncios de bíblias e de cervejas, e vice-versa.

Não é verdade que hoje todas as propagandas são iguais. Existem diferenças, mas, com raras exceções, elas são puramente casuais. Elas dependem em grande parte do gosto do artista que cria os anúncios, que por acaso vê as coisas de uma determinada forma, tem um estilo próprio. O estilo, no entanto, deveria ser determinado pelo próprio produto. Assim, ele seria reconhecido imediatamente.

A concepção de estilo pessoal do artista é um resquício do Romantismo e muitas vezes pode ser perniciosa para a propaganda de um produto. A menos que a empresa monopolize o estilo do artista e o torne seu, como fez há tempos atrás a marca Rinascente,[2] com Marcello Dudovich.

A questão é, portanto, como conferir caráter individual às imagens, seja as de um anúncio, seja as de uma campanha publicitária inteira. Como se faz isso? Temos, claro, exemplos famosos no campo das artes. Mas não basta escolher um estilo

---

2. N. da T. Famosa loja de departamentos da Itália, fundada em Milão, no início do século XX.

e aplicá-lo a esmo. É preciso certa coerência entre forma e produto, entre cor e produto.

É necessário fazer uma pesquisa visual baseada nas características psicológicas dos produtos e encontrar as imagens, a forma de representar as figuras, as cores e as técnicas mais coerentes.

Há produtos que já possuem atributos que os destacam, que contêm em si as imagens do mundo no qual serão usados. E cada mundo, com seu respectivo grupo de consumidores, tem imagens próprias — das histórias em quadrinhos para crianças às obras clássicas para o adulto médio. Há mil formas de se fotografar e desenhar um rosto humano. Podemos perceber isso com clareza nos livros de fotografia modernos. Um anúncio de sopa instantânea e um cartaz de convocação para o serviço militar se dirigem a públicos distintos. No entanto, quase sempre o anúncio e a publicidade estão alheios à cultura. Quando digo "cultura", não me refiro à cultura ensinada nas escolas e facilmente encontrada nos livros, me refiro à cultura viva, ao conhecimento daquilo que está acontecendo hoje em dia no mundo da arte, ao conhecimento das pesquisas visuais que estão sendo realizadas por diferentes artistas, não mais românticos ou clássicos, mas pesquisadores de imagens, que fazem uso de todos os recursos técnicos e científicos disponíveis. Apenas o conhecimento dessas experimentações pode garantir a diferenciação necessária ao anúncio, para que ele fuja da informação genérica, destinada ao mesmo tempo a todos e a ninguém — caracterização visual feita para ser direta e rápida. Atualmente, as pessoas não têm tempo para parar diante de um cartaz na rua, deter-se nele, entender a que ele se refere para então decidir se se interessam por ele ou não. A comunicação deve ser imediata e precisa.

Variações sobre o tema do rosto humano

De quantas maneiras e por meio de quais recursos técnicos podem se produzir variações de um rosto humano visto de frente? O designer gráfico trabalha sem preconceitos, sem excluir nenhuma possibilidade de recurso técnico. Suas pesquisas visuais o levam a experimentar todas as combinações e todos os métodos possíveis para obter a imagem específica de que ele necessita para o trabalho que tem nas mãos aquela imagem e não outra.

Analisando as técnicas empregadas no passado, pode se notar que um rosto humano feito de mosaico possui uma estrutura diferente de um rosto de uma pintura em afresco, ou desenhado em claro-escuro, ou gravado em pedra etc.

Os elementos que compõem o rosto — olhos, nariz e boca — são estruturados de formas diferentes. Assim, na confecção de um rosto feito de vidro, de ferro, de papel dobrado, de palha trançada, de bexiga, de ripas de madeira, de plástico, de espuma, de fibra de vidro, de poliuretano, de metal etc., a relação entre os elementos deve ser adaptada ao material.

61

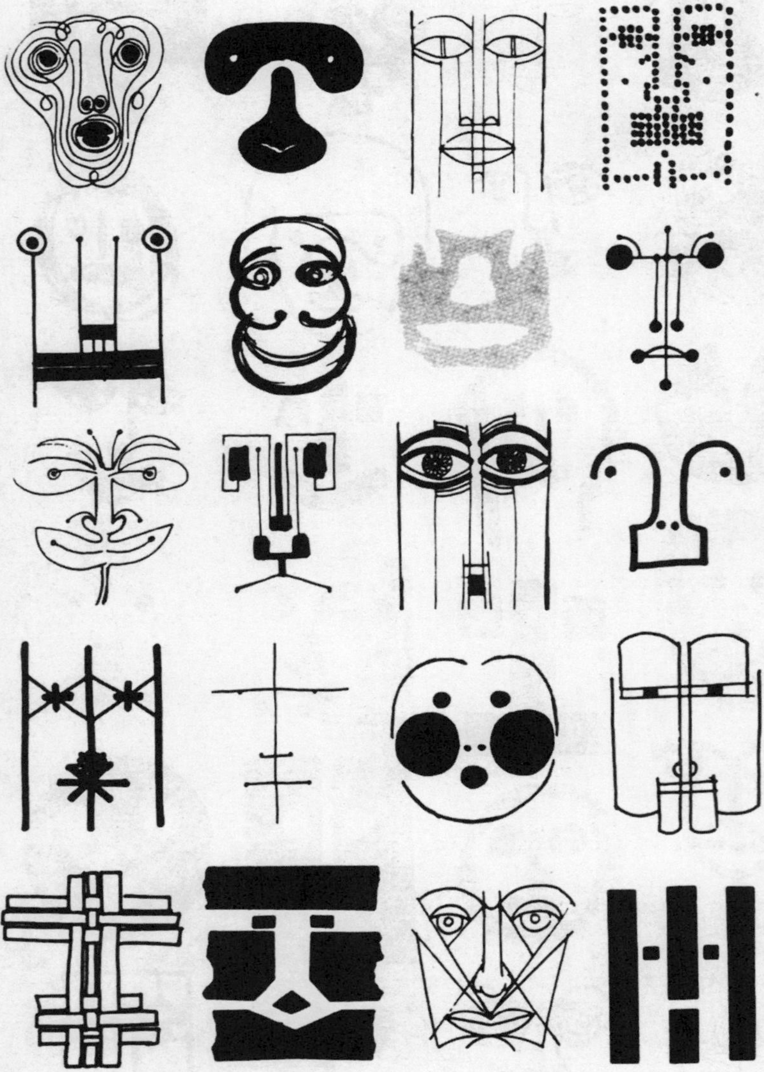

63

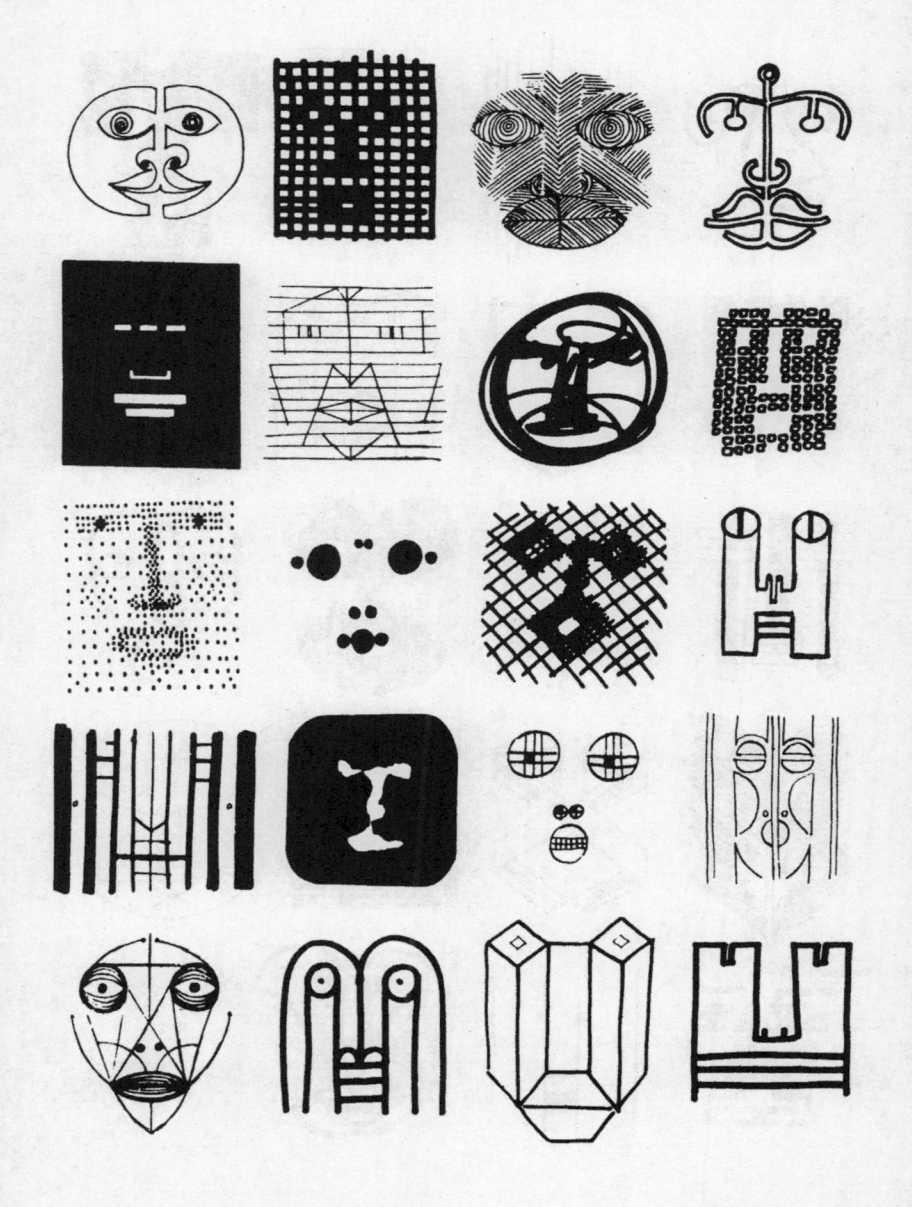

64

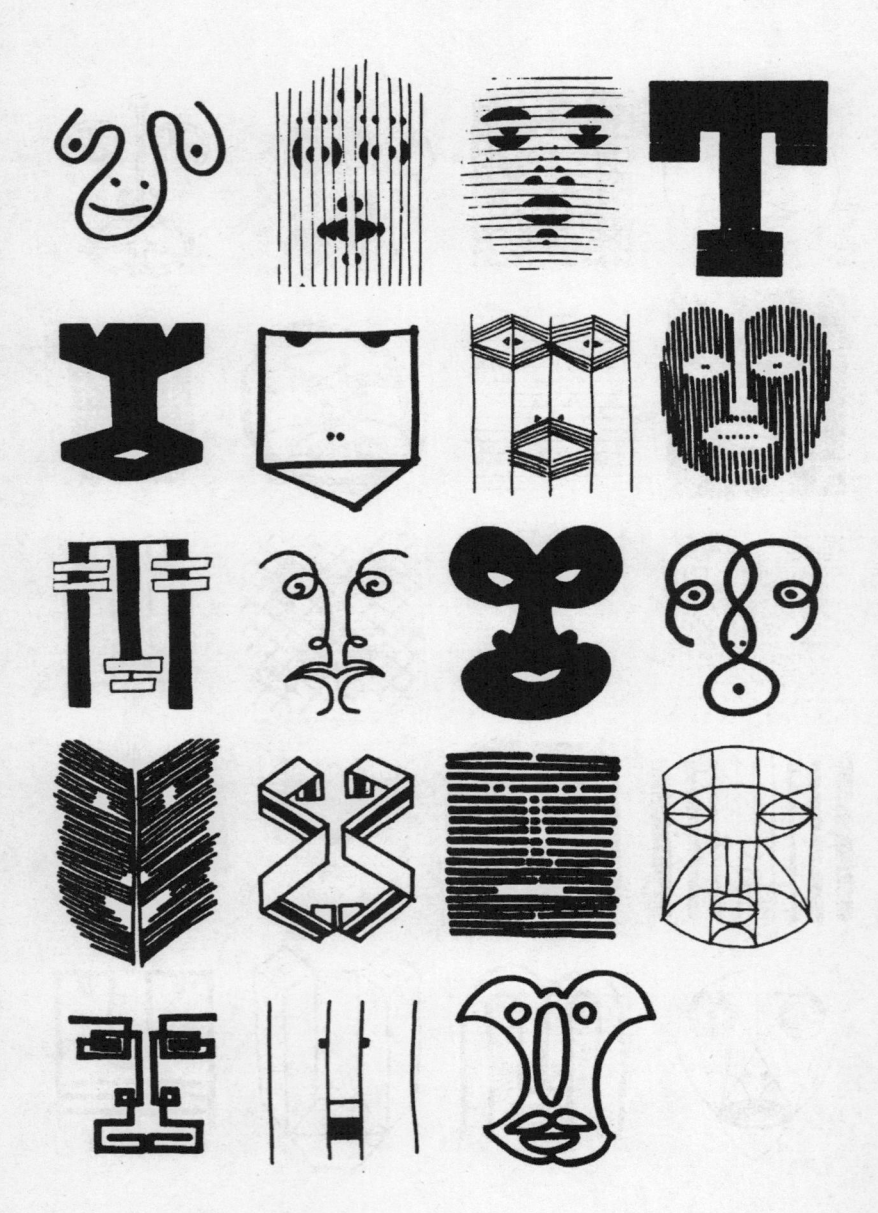

65

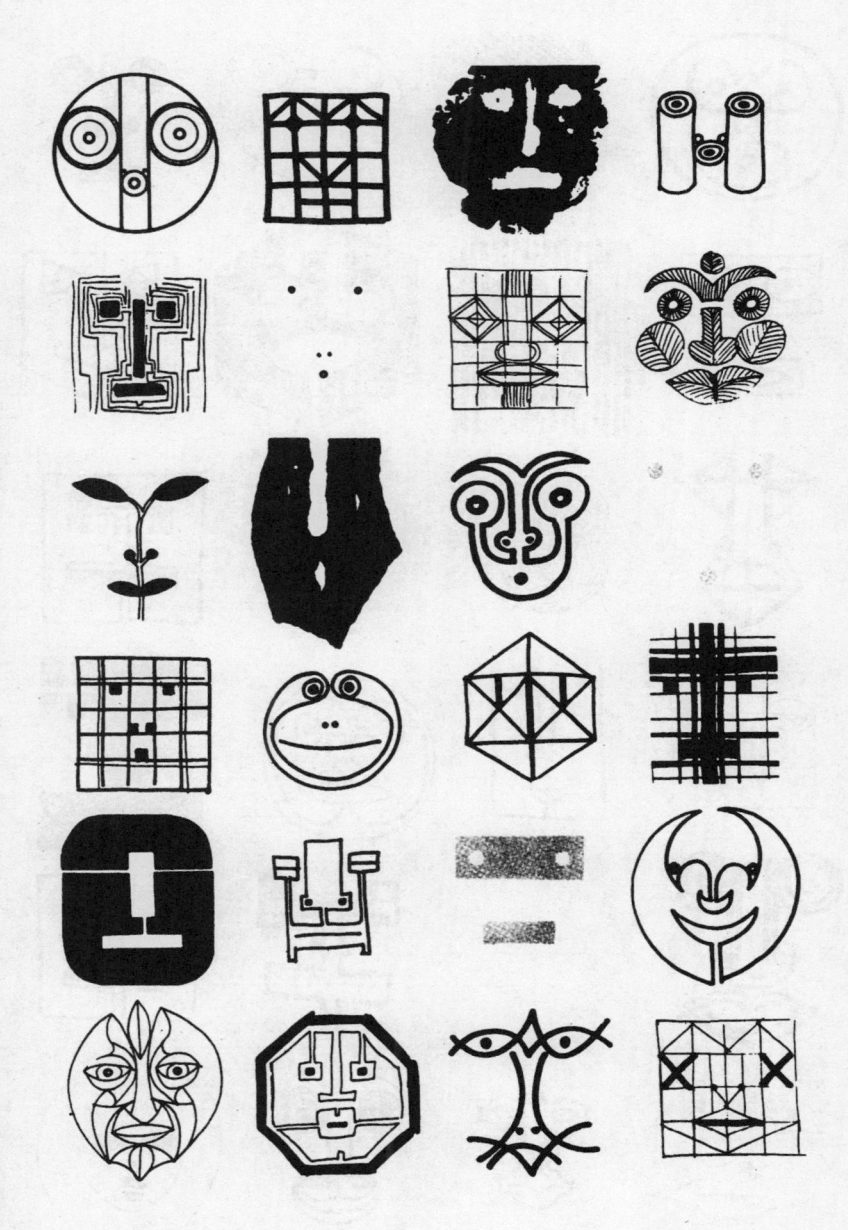

66

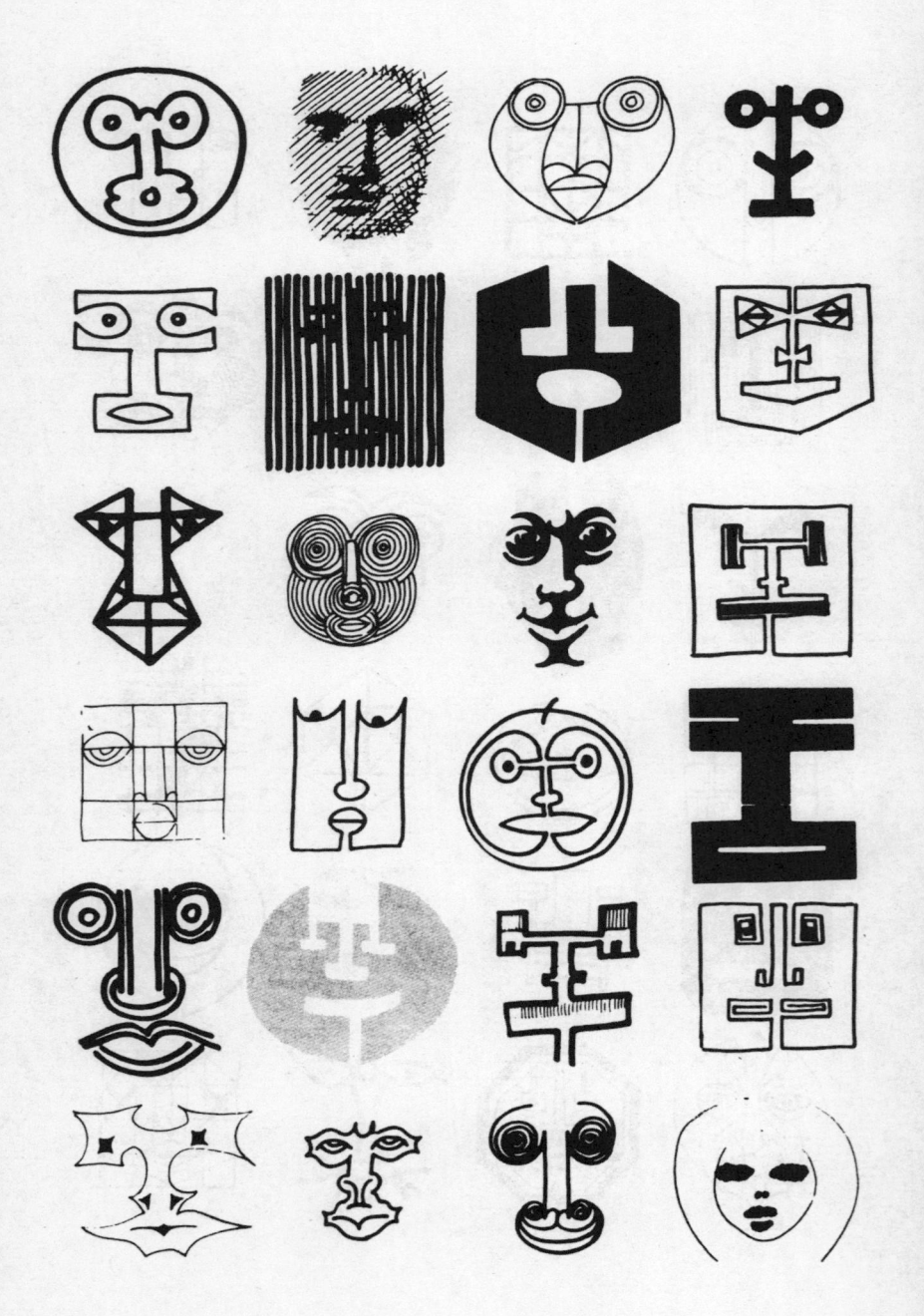

67

Se imaginarmos o rosto humano como se estivesse sendo visto através de um vidro serigrafado, de uma malha quadriculada, das lâminas de uma veneziana, de uma garrafa cheia de água... Teremos de considerar inúmeros aspectos, inúmeras transformações, deformações e alterações desse rosto. Podemos até tentar encontrar todas as possíveis relações diretas entre os componentes do rosto, fazendo testes com linhas retas, curvas, borradas, paralelas, linhas de traço único ou pontilhado.

Nesse exercício é importante manter-se no tema do rosto visto de frente, porque, evidentemente, toda uma gama de combinações surge a partir do momento que passamos para rostos de perfil ou em posição três-quartos, ou se lançamos mão de efeitos tridimensionais ou da perspectiva.

Esse exercício ajuda o designer gráfico a encontrar a imagem mais adequada a determinado tema, e cada imagem, cada técnica, possui atributos específicos e transmite uma dada mensagem. Um símbolo gráfico para um cosmético não pode ser igual a um símbolo gráfico para um produto como o carvão. Em geral, o designer gráfico faz centenas de pequenos desenhos para então escolher um.

A forma das palavras

BAR

Não apenas cada letra que compõe uma palavra possui uma forma própria, como o conjunto dessas letras dão também forma à palavra. Refiro-me, obviamente, à palavra escrita ou impressa, pois a palavra pronunciada ou ouvida no rádio não possui forma. Ela possui o que podemos chamar de forma sonora, mas não estamos tratando disso no momento. Ao lermos a palavra MAMMA [mamãe], vemos imediatamente como sua forma é diferente da forma da palavra OBOLO [óbolo]. As linhas (retas, inclinadas ou curvas) e os espaços em branco entre uma letra e outra, tudo isso contribui para sua forma geral.

Especialmente aquelas palavras que estamos acostumados ou obrigados a ler sempre. Os nomes dos jornais, os nomes de

///////
MMMMM
MAMMA

grandes empresas, os nomes de atores famosos, os nomes de países, as palavras estrangeiras, como "jeans", "ferryboat", "jazz" etc. Nós as lemos de uma vez, sem soletrar cada palavra ou cada sílaba. Isso significa que nós as reconhecemos pela sua forma geral, algo impossível de se fazer com palavras com as quais não temos familiaridade, como "clorotetraciclina", por exemplo, ainda mais quando elas vêm escritas em letras miúdas em uma folhinha de papel enrolada em um frasco de remédio.

Algumas palavras, como os nomes de marcas ou de produtos famosos, nos são tão familiares que se a maior parte de suas letras for substituída por traços pretos, ainda conseguiremos identificá-las corretamente, e demoraremos um tempo para perceber que há algo diferente. Mas isso só será possível se preservarmos a forma geral da palavra.

Uma experiência que qualquer pessoa pode fazer é recortar as letras que compõem o nome de um jornal, por exemplo, e aproximá-las de forma que, por sobreposição, a espessura vertical de uma letra sirva também para a letra do lado. Essa experiência destaca sobretudo a forma da palavra. Pode-se inclusive ir além e colocar uma letra sobre a outra, como fiz em uma das minhas ilustrações, na qual parte da letra M funciona como letra A na palavra DAMO (marca de tijolos da Roma Antiga).

Conhecer a forma das palavras, estudar-lhe suas possibilidades comunicativas formais, pode ser muito útil para o designer gráfico quando ele faz o projeto de placas de sinalização cuja informação precisa ser apreendida rapidamente, como as placas de trânsito, que os motoristas leem quando passam depressa de carro na estrada.

Telegramas e poemas

Ler um poema de forma apressada, como se fosse um telegrama, é certamente um erro. Embora muitos poemas modernos tenham um número de palavras reduzido, como tem um telegrama, seu conteúdo é por vezes diferente. Digo "por vezes" porque há telegramas que parecem textos poéticos. Primeiramente você os lê rápido e, em seguida, os relê de forma mais lenta, dando-se conta de que determinadas palavras possuem mais de um significado, como ocorre na poesia. Trata-se de poemas casuais. Ouso dizer que cada texto tem seu próprio "tempo de leitura". Um texto poético só comunica tudo aquilo que tem para comunicar quando é lido lentamente, só assim há tempo para se criar um estado de espírito no qual as imagens se formam e transformam.

O designer gráfico pode atuar nesse mesmo domínio, no qual a escolha dos caracteres e os espaços são calculados com base no efeito que se deseja alcançar. Embora seja comum, não é o ideal usar a mesma tipografia para textos poéticos e para relatórios de reuniões de conselhos. Para leituras rápidas, a tipografia deve ser simples e clara, os espaços entre as palavras e as próprias letras devem ser calculados com precisão, o espaço em torno da palavra deve ser suficiente para isolá-la do que está ao seu redor e a cor da palavra e do fundo não devem ser complementares. As placas de trânsito (caso extremo) exigem uma leitura rápida. No entanto, na maioria delas, vemos que as palavras perdem completamente a "forma". Por exemplo, a palavra ROMA é mais curta que a palavra FLORENÇA, mas é comum que a grafem R O M A, para torná-la mais longa, como FLORENÇA. Por conta de um falso padrão estético, a função é deixada de lado, a velocidade da leitura é prejudicada e a informação não pode ser transmitida com exatidão.

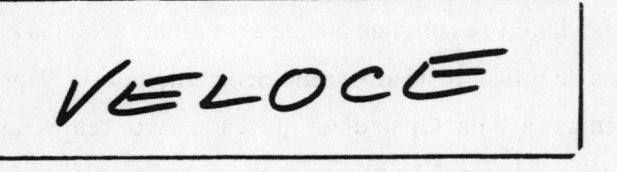

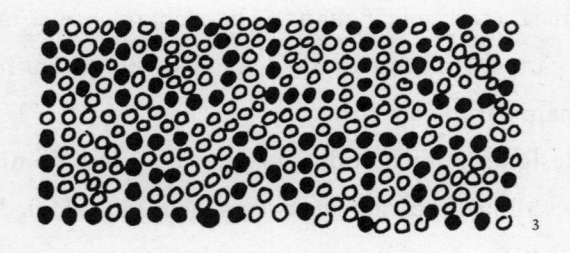

3. N. da E. Em tradução livre, "veloz" e "muito lento".

Quando lemos um bom livro sentados numa poltrona, nós desaceleramos a velocidade de leitura. Diversos artistas e escritores notaram essa tendência. James Joyce, nas últimas páginas de *Ulisses*, elimina a pontuação, conferindo ao texto um tempo de leitura diferente. Paul Klee desenhou um pequeno poema e preencheu os espaços entre as letras com diferentes cores — como resultado, as palavras e todo o seu significado se revelam muito lentamente na nossa consciência. Os futuristas, com suas composições tipográficas de palavras livres, baseavam-se nesse princípio. O poeta italiano Giorgio Soavi escreveu um poema colocando uma palavra em cada página. O tempo de leitura dos cartazes publicitários muitas vezes é calculado por meio do uso de diferentes tamanhos de caracteres, e uma palavra impressa em tamanho grande após dez ou vinte linhas de texto impresso em tamanho pequeno acaba sendo lida antes delas. O texto de certos anúncios publicitários são lidos em duas ou três velocidades diferentes.

Osespaçosentreaspalavraspodematésereliminados: isso certamente diminui a velocidade da leitura. No entanto, ao mesmo tempo, cansa os olhos.

Nos textos de certas publicações com pretensões artísticas, os caracteres tipográficos são empilhados e alinhados à esquerda, ficando a margem direita livre, com se fosse serrilhada. Isso é feito para evitar a quebra das palavras de uma linha para a outra e a consequente formação de pausas entre elas. Enfim, um bom designer gráfico pode compor um texto com diferentes tempos de leitura conforme o objetivo do discurso, exatamente como faz uma pessoa na fala. É evidente que, de certa forma, esse efeito já é alcançado por meio da pontuação.

Duas em uma

Duas imagens em uma. Ou melhor, uma imagem feita de muitas outras imagens. É assim essa ilustração feita pelo Studio Boggeri para um anúncio de peças de borracha para automóveis. Os contornos detalhados dos acessórios são organizados de maneira a compor a imagem de um carro, e juntos fornecem a informação visual direta que é a base da propaganda. Não é necessária uma só palavra.

Leonardo da Vinci via árvores, cidades, batalhas e uma miríade de outras imagens nas manchas que encontrava em velhas paredes. Shakespeare via dragões e camelos nas formas das nuvens. Bernardone não vê nada nas nuvens além das próprias nuvens, e manchas nas manchas.

Nem todos veem imagens no fogo ou nas nuvens. E entre aqueles que veem, nem todos veem a mesma coisa. Depende da forma como se está olhando e de quem está olhando.

A forma de uma nuvem, seja um cúmul, seja um cirro-estrato, é em si uma imagem. Mas ocorre às vezes de a nuvem assumir a forma de um animal, de um rosto ou de uma ilha. Isso acontece quando o contorno se transforma, aproximando-se da forma percebida. O mesmo ocorre com os veios da madeira ou do mármore, com pisos feitos de fragmentos de mármores, com as cascas das árvores, com todas as coisas que não possuem uma forma própria bem definida e que podem assumir várias outras.

Tudo depende da natureza da pessoa que olha, porque nós vemos apenas o que já conhecemos. Se não sabemos o que é um Gnogno, nunca veremos um Gnogno em qualquer lugar que seja. Se uma pessoa, como muitas vezes acontece, está pensando exclusivamente em comida, ela verá nas nuvens do pôr do sol enormes pratos de espaguete com molho de tomate (isso se conseguir tirar os olhos da mesa para olhar para o céu) e, nos veios de uma pedra de mármore, verá fatias de frios. Brincadeiras à parte, a ideia de duas imagens em uma (ou mesmo de mais de duas imagens simultâneas) deve ser levada em conta pelo designer gráfico quando ele está lidando com comunicação visual concentrada. Esse tipo de comunicação pode ser regido por regras bem delimitadas.

As pinturas de Arcimboldo[4] nos oferecem um exemplo histórico.

---

4. N. da T. Giuseppe Arcimboldo (1527-1593), pintor italiano famoso por compor retratos de bustos de figuras humanas com elementos como frutas, legumes, flores, folhas, livros, entre outros.

O uso de imagens simultâneas, sobrepostas, pode ser eficaz em um anúncio publicitário. Por exemplo: uma mão feita de cigarros que segura um cigarro, uma logomarca redonda que se confunde com o produto, um relógio parecido com o sol ou a lua, e assim por diante.

Essas imagens duplas podem ser óbvias ou discretas. Pode se apresentar uma imagem que apenas sugere uma outra, a indica sutilmente, não a revela de todo, deixando um resquício de dúvida na mente de quem a vê. A segunda imagem é apresentada de maneira ambígua. Nesse caso, a segunda imagem opera no subconsciente, produzindo talvez um efeito mais duradouro, uma vez que o espectador a toma para si como uma interpretação pessoal, como algo que ele descobriu por conta própria na primeira imagem, esta, sim, evidente para o restante das pessoas.

Uma linguagem de símbolos e signos?

Muitas das atividades que exercemos hoje estão condicionadas por signos e símbolos, embora eles sejam usados, até o momento, apenas para comunicação e informação visual. Cada signo e cada símbolo têm um significado preciso, reconhecido por todos. Qualquer pessoa, em qualquer parte do mundo, sabe o que fazer quando se vê diante de determinada placa de trânsito. Estamos todos condicionados a dirigir conforme as indicações dessas sinalizações, às quais não podemos desobedecer, sob risco de punição. Na circulação em vias públicas, regras relacionadas a velocidade, direção, preferência, parada, faixas de rodagem, entre outras, são rigorosamente fixadas.

No caso em questão, por exemplo, ninguém pode fazer o que quer, cada um de nós faz parte de um organismo maior que é a sociedade humana — e assim como no nosso corpo cada órgão deve viver em harmonia com os outros órgãos, nós também, ao nos deslocarmos de um lugar a outro, devemos viver em harmonia com os demais. Transgredir as regras é considerado perigoso porque compromete todo o organismo.

A sinalização de trânsito é o exemplo mais conhecido, mas há muitos outros símbolos e sinais ligados às mais diversas atividades humanas. Um esquema de instalação elétrica é composto de uma série de sinais convencionais. Os meteorologistas se comunicam entre si por meio de sinais específicos. Há os sinais dos revisores de texto, dos escoteiros e dos ferroviários, e há também os sinais usados em quadros de horário, na navegação, nas fábricas. Até mesmo os moradores de rua[5] usam uma linguagem de sinais para se comunicar uns com os outros, para dizer se é seguro ir a determinado lugar, se os policiais da região são amigáveis ou hostis, se é indicado pedir esmola etc.

Antigamente, havia os símbolos da heráldica, as insígnias dos pedreiros e dos escultores, os símbolos dos alquimistas. Hoje, há as marcas de fabricantes, os sinais internacionais, os logotipos das companhias aéreas, entre outros.

Naturalmente, qualquer um que queira dirigir um carro é obrigado a conhecer as placas de trânsito, mas se um dia os sinais de outras áreas do conhecimento, como os da matemática ou da música, forem mais difundidos, talvez seja possível nos expressar por meio de sinais e símbolos e combiná-los entre si, como é feito nas escritas ideográficas da China e do Japão. Nesses sistemas de escrita antigos, os signos têm um valor enquanto imagem ou ideia quando estão sozinhos e outro valor, diferente, quando aparecem combinados. Tal princípio, de fundamento lógico, é também usado por nós na comunicação visual. Na

---

5. N. da T. Embora o termo mais usado hoje seja "pessoa em situação de rua", optamos por manter "moradores de rua" por uma questão de fidelidade ao contexto de escrita do livro.

linguagem dos meteorologistas, um asterisco com seis pontas significa "neve", um triângulo com a ponta para baixo significa "tempestade". Os dois símbolos juntos significam "nevasca".

Entre os moradores de rua, um sinal feito com dois círculos que se sobrepõem parcialmente significa "cuidado", um triân-

Chave de leitura — no alto, à esquerda: Homem armado com cão bravo na cidade úmida; no alto, à direita: Cuidado, perigo para mulheres, prosseguir nesta direção; embaixo, à esquerda: Proibida a entrada, estou em uma pista estreita com chuva e neve, peço socorro; embaixo, à direita: Amigo, nesta direção, lugar propício para esmola, vá tranquilo, a cidade dorme e os policiais estão de folga. Conte uma história comovente.

Esses sinais são compostos de símbolos utilizados por moradores de rua e de alguns elementos típicos de placas de trânsito.

gulo com a ponta para cima e duas espécies de braços erguidos significa "homem armado", um triângulo grande ao lado de três pequenos triângulos quer dizer "conte uma história comovente" (imagino que o triângulo maior represente a mãe e os pequenos representem as crianças).

De certa forma, um esquema de instalação elétrica que apresenta símbolos e conexões não passa de um discurso sintético feito por pessoas competentes no assunto, um discurso objetivo, que transmite de forma precisa todos os detalhes e informações. Transposto para o discurso verbal, seria algo assim: faça uma ligação com a parte externa a dois metros da porta principal, coloque um fusível, conecte com as três lâmpadas do teto, instale um interruptor aqui, uma tomada de dois pinos ali...

Partindo do pressuposto de que o leitor está familiarizado com todos esses sinais e símbolos, como estará no futuro, é possível construir uma narrativa que faça sentido? Certa flexibilidade de leitura, de interpretação, é claramente necessária. Se eu colocar o símbolo indicativo de "fusível" entre o símbolo indicativo de "homem" e o de "mulher", não significará que há entre eles uma válvula, significará, em vez disso, que há entre os dois um risco de fusão, de variação de tensão. Deveríamos usar os símbolos como usamos as palavras em um poema. As palavras têm mais de um significado, e o significado varia conforme o modo como são empregadas e o lugar onde são colocadas. É possível informar sobre as condições climáticas a partir dos

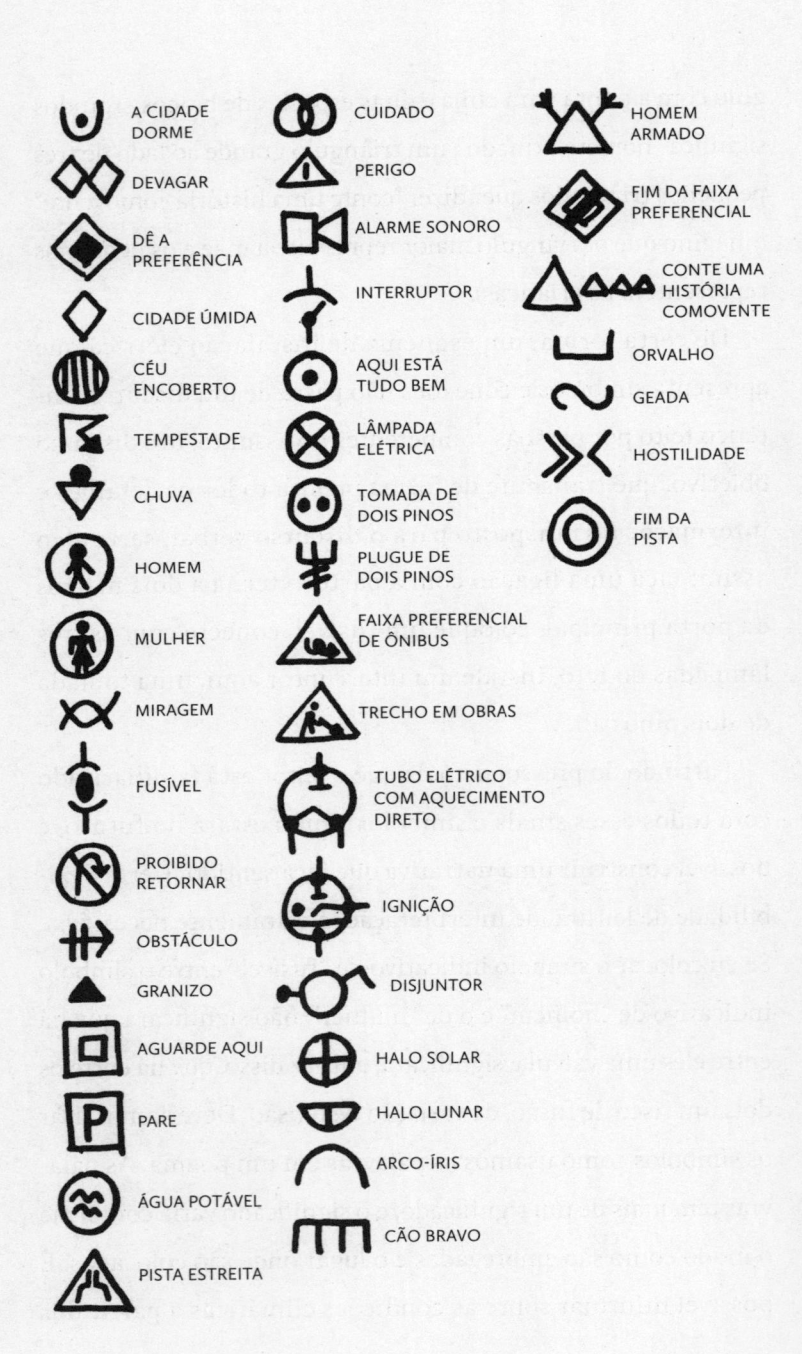

A CIDADE DORME	CUIDADO	HOMEM ARMADO
DEVAGAR	PERIGO	FIM DA FAIXA PREFERENCIAL
DÊ A PREFERÊNCIA	ALARME SONORO	CONTE UMA HISTÓRIA COMOVENTE
CIDADE ÚMIDA	INTERRUPTOR	ORVALHO
CÉU ENCOBERTO	AQUI ESTÁ TUDO BEM	GEADA
TEMPESTADE	LÂMPADA ELÉTRICA	HOSTILIDADE
CHUVA	TOMADA DE DOIS PINOS	FIM DA PISTA
HOMEM	PLUGUE DE DOIS PINOS	
MULHER	FAIXA PREFERENCIAL DE ÔNIBUS	
MIRAGEM	TRECHO EM OBRAS	
FUSÍVEL	TUBO ELÉTRICO COM AQUECIMENTO DIRETO	
PROIBIDO RETORNAR	IGNIÇÃO	
OBSTÁCULO	DISJUNTOR	
GRANIZO	HALO SOLAR	
AGUARDE AQUI	HALO LUNAR	
PARE	ARCO-ÍRIS	
ÁGUA POTÁVEL	CÃO BRAVO	
PISTA ESTREITA		

símbolos da meteorologia, sobre movimento e direção a partir dos símbolos das placas de trânsito, sobre objetos a partir dos símbolos a eles relacionados, certos sentimentos e sensações com os símbolos dos moradores de rua... Ou com os símbolos dos eletricistas.

O símbolo de "interruptor" pode interromper uma ação, o de "miragem" pode ter diversos outros significados, o de "dê a preferência", "pare", "aguarde aqui" ou "pista estreita" podem assumir outros significados se estiverem ao lado de outros símbolos. O discurso deve ser bem claro, às vezes excessivamente claro, mas às vezes hermético, como na poesia.

Será essa a linguagem universal do futuro próximo? Talvez sim, pelo menos em parte. Ela já é utilizada na meteorologia, mas ainda não é usada para contar uma história. A minha tentativa é a primeira do gênero.

Tentativa de poema:
Chuva
sobre o interruptor de ignição
fim da prioridade

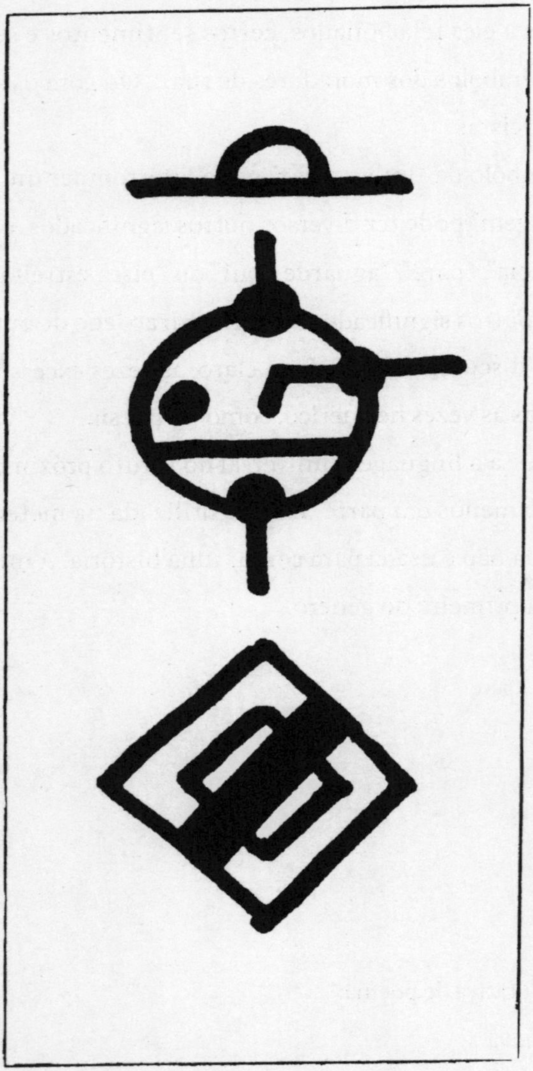

Doze mil cores diferentes

"A cor é apenas uma sensação, ela não existe de maneira independente do sistema nervoso dos seres vivos." (Ogden Nicholas Rood)

Vermelho, verde, azul, preto, branco, marrom, roxo, laranja, turquesa, cinza... Uma lista de cores como esta logo chega ao fim. Existem, no entanto, 12 mil cores. Elas estão lá, enfileiradas. Distingui-las pode não ser fácil, mas estão lá. Elas existem no mostruário de uma fábrica americana de material plástico, e servem para garantir uma produção contínua, que satisfaça as demandas do mercado.

A lista que apresentamos anteriormente é muito básica, de fato. Nós poderíamos, por exemplo, elencar os diferentes tipos de vermelho, de azul ou de marrom. O marrom, na verdade, é a cor com mais variações, podendo ser quase vermelho, quase preto, quase verde, quase amarelo, quase azul, quase cinza, já que é a mistura de todas as cores básicas. Ainda assim, mesmo que pensássemos em todas as cores que conhecemos, não chegaríamos a 12 mil.

Há outro mostruário americano, usado por artistas gráficos, que apresenta 1.200 cores, todas catalogadas e numeradas. Esse mostruário pode ser muito útil para a produção de uma grande coleção de livros, ou para a produção de qualquer outra coisa caracterizada por grupos de cores de tons correspondentes.

Como se chega a esse vasto número de cores? Há vários métodos. Antes de tudo, é preciso distinguir as cores propriamente ditas do branco e do preto, que são antes luz e escuridão do que cores. Se pegarmos uma folha de papel verde e a observarmos sob a luz, veremos um verde brilhante. Por outro lado, se formos em direção a um canto escuro do ambiente, veremos que ela vai escurecendo progressivamente, até ficar preta por completo. É verdade, aqueles kits de tinta vendidos em lojas de materiais de arte vêm com um tubinho de tinta branca e outro de tinta preta, mas eles servem justamente para iluminar ou escurecer uma cor. Sendo assim, em teoria, nós podemos obter um grande número de cores deste modo: imaginemos uma cor pura, por exemplo, um vermelho que não contenha nem mesmo uma parte ínfima de amarelo, de azul ou de outra cor. Imaginemos, então, que esse vermelho, muito parecido com aquele usado para impressão em quatro cores, seja líquido. Molhe um pincel nele e faça um disco do tamanho de uma moeda no centro de uma tira comprida de papel. Em seguida, adicione ao vermelho uma gota de preto, misture e pinte outro disco. Outra gota de preto, outro disco... E assim por diante, até que o vermelho vire preto. Na mesma tira de papel, no sentido da ponta oposta, pinte outros discos vermelhos, mas desta vez adicionando progressivamente gotas de branco, uma por vez. Quando acabarmos, estaremos exaustos e nossa tira de papel terá alguns quilômetros de comprimento. Podemos repetir a operação com um outro vermelho, por exemplo um vermelho ao qual tenha sido adicionada uma gota de amarelo. Depois, podemos partir de um vermelho que contenha duas gotas de amarelo.

Tenho certeza de que você vai acreditar no que estou dizendo, não vai se meter a fazer essa experiência só para provar que estou errado. Agora ficou claro que as 12 mil cores realmente existem, ainda que às vezes seja difícil distinguir cores similares. Mas a história das cores não acaba aqui. Cada uma delas muda conforme o material sobre o qual é fixada. É como na música: a mesma nota musical, o mesmo dó, soa de uma forma quando é tocada no trompete e de outra forma quando é tocada no bandolim. Um tecido de seda vermelho é diferente de um giz da mesma cor; uma pintura com têmpera é diferente de uma pintura feita com tinta; um veludo preto é mais preto que um outro veludo preto. Nesse caso, é a textura da superfície que determina essa variação. A superfície lisa reflete a luz, o que torna a cor mais brilhante; uma superfície áspera torna a cor opaca e mais suave. Sendo assim, dona Maria comete um equívoco quando tenta combinar a cor das paredes da sala com a do veludo do sofá, porque a parede é lisa e o veludo é aveludado.

Infelizmente, as pessoas falam sobre cores de forma muito vaga, criando confusões às quais até as pessoas que procuram se expressar com precisão são obrigadas a se adaptar. De que cor é o vinho branco? É amarelo. Tente pedir uma garrafa de vinho amarelo em um restaurante, e o garçom vai olhar para você com pena. E o papel branco, de que cor é? Pegue uma resma de papel branco e descubra que há, entre elas, umas amareladas, outras amarronzadas, outras acinzentadas.

É importante aprender sobre as cores? Eu acredito que sim. Todo conhecimento sobre o mundo tem utilidade, nos permite entender coisas que antes nem sequer sabíamos que existiam.

Design gráfico

O anúncio com uma imagem central

Os publicitários de antigamente afirmavam, e ainda hoje há quem tenha a mesma opinião, que o anúncio deveria ser um soco no olho. É um modo de levar a informação até uma pessoa qualquer que esteja passando na rua, que talvez esteja meditando sobre a metamorfose da lagarta em borboleta: uma transformação um tanto quanto violenta — e todos sabem que violência deve ser rebatida com igual violência.

Brincadeiras à parte, o que queriam dizer os publicitários da velha guarda com a expressão "soco no olho"? Provavelmente que o anúncio deve se destacar entre os demais anúncios do entorno, que, por sua vez, devem também se destacar. Em suma, o anúncio deve surpreender, roubar a atenção do transeunte, atingi-lo violentamente. O mesmo vale para todos os outros anúncios em um mesmo muro.

Uma propaganda de sabão, por exemplo, ou de um detergente qualquer, precisa se destacar nitidamente de outra propaganda de sabão. Já sabemos que o detergente X limpa, que o segundo detergente limpa ainda mais, que o terceiro limpa ainda mais que o segundo, que o quarto limpa mais que o primeiro e o segundo juntos, o quinto limpa duplamente e o sexto (que é novamente o primeiro, com uma nova ideia) limpa tanto que mancha.

É comum que uma pessoa que não consegue sustentar os próprios argumentos em uma conversa comece a gritar. Com isso ela não acrescenta informações novas à discussão, mas se faz ouvir. Muitos anúncios querem se fazer ouvir a todo custo, embora não tenham nada de interessante a dizer. E então gritam com as cores, gritam com as formas e sobretudo gritam com a quantidade. Na falta de conhecimento sobre comunicação visual, os publicitários recorrem a imagens corriqueiras, sem se preocupar se a forma ou a cor escolhidas por eles são as mesmas usadas indiferentemente em anúncios de pneu, de sabão, de aperitivo. As pesquisas no campo do design, no entanto, mostram que bastaria usar uma cor insólita, ou uma forma diferente, para transmitir uma informação exata e imediata a quem passa, sem violência, sem desperdício de dinheiro com o efeito "quantidade".

Por outro lado, às vezes há nas ruas anúncios tão desbotados e camuflados que é difícil entender como eles conseguiram ser aprovados e impressos. Provavelmente aconteceu assim: o pintor (ou seja, não o designer gráfico) fez o croqui do cartaz em tamanho real, 1 × 1,40 metro, sobre tela ou papelão, e o colocou sobre um móvel que fica de frente para a escrivaninha do diretor que aprova ou rejeita a peça. O escritório do chefe é deveras sóbrio, como convém a um chefe que precisa mostrar que é chefe: cores neutras, móveis clássicos, nada muito chamativo. O croqui do anúncio, mesmo que seja feio, explode naquele ambiente com uma força violenta. Ao lado dele, o quadro pendurado na parede parece uma fotografia desbotada. Aprovado o croqui, é feita a impressão. Uma vez nas ruas, em comparação com os demais anúncios, o cartaz fica imperceptível. Mas então não há como voltar atrás. Quem sabe na próxima.

Existe um tipo de cartaz ao qual os designers gráficos muitas vezes recorrem, por conta de sua eficácia visual. É a bandeira japonesa. Um disco vermelho sobre um fundo branco. Por que esse esquema visual tão simples é tão eficaz? Porque

Padrão básico de anúncio com a forma da bandeira japonesa. O olho é atraído pelo disco escuro e não há possibilidade de fuga. Para desviar-se, é necessário um impulso. A região ao redor do disco isola a imagem de qualquer outra que esteja próxima a ela.

o fundo branco isola o disco de tudo que o rodeia, de todos os outros anúncios, e porque o disco é uma forma da qual o olhar não consegue se desviar facilmente. De fato, o olhar está acostumado a fugir para as pontas ou para os cantos das coisas, como a ponta de uma seta, por exemplo. Um triângulo oferece ao olhar três possibilidades de fuga. Um quadrado oferece quatro. Em um círculo não há pontas ou ângulos, então o olho é forçado a rodar dentro do disco até conseguir, com algum esforço, se descolar.

Padrão básico de cartaz seccionado. O olhar do observador vaga sobre sua superfície e é continuamente levado a seguir as linhas que separam as partes claras das escuras. Dessa forma, o olhar se dirige para fora do anúncio. Além disso, há o risco de as seções se unirem a outras formas presentes nos anúncios vizinhos.

Como se aplica esse padrão básico em um anúncio? O disco pode representar um tomate, um prato de sopa, um relógio, uma bola de futebol, uma concha, um timão, uma panela, um queijo redondo, um botão, uma rolha de champanhe, um disco de vinil, uma flor, uma placa de trânsito, uma roda, um pneu, um alvo, um rolamento, uma rosácea gótica, um guarda-chuva aberto, uma roda dentada... E por último, mas não menos importante, um globo terrestre. A foto de um globo terrestre, um globo terrestre pintado com fortes pinceladas, feito com papel picado ou rasgado, um globo terrestre preto e branco, colorido...

Até hoje há inúmeros anúncios que seguem esse princípio.

No entanto, é um erro dividir a superfície de um cartaz em diferentes blocos de cor ou estampa. Um cartaz feito assim se confunde com os outros ao redor, na medida em que cada parte da composição vai se ligando visualmente ao anúncio do lado, confundindo o público e anulando por completo o efeito da mensagem.

Um cartaz de dimensões infinitas

Pode-se produzir um cartaz com dimensões ilimitadas, tanto no comprimento quanto na altura? Um cartaz de formato único, mas que permita que da combinação de seus elementos nasça um cartaz de 1 × 1,40 metro, de 4 × 70 metros, de 2 × 2,70 metros, de 3 ×...?

O cartaz publicitário é geralmente concebido como uma peça única, como algo acabado, com dimensões restritas, mas é comum que ele seja colado nos muros da cidade aos montes — dois, três, quatro de uma vez, ou até mais, um do lado do outro. Acontece que, na grande maioria dos casos, o anúncio não é pensado para ser exibido repetidamente, lado a lado com outra peça idêntica, e, quando isso ocorre, combinações curiosas de formas aparecem. Se um cartaz exibe dois rostos de perfil (como visto recentemente), um na margem direita e outro na margem esquerda, quando ele é combinado com outros cartazes iguais, faz nascer criaturas bifrontes estranhas (como o deus romano Jano), jamais previstas no projeto do designer. Todo elemento figurativo de um anúncio que aparecer cortado na margem direita ou na margem esquerda inevitavelmente produzirá uma forma inusitada com o anúncio vizinho. Esse efeito nunca acontece quando a imagem está centralizada.

Mas o método para resolver esse problema já existe e é usado na produção de papéis de parede e tecidos estampados. Nesse método, é necessário que a direita saiba sempre o que a esquerda está fazendo e que o alto saiba o que se passa embaixo. Ou seja, se um elemento é cortado ao meio na margem direita, a margem esquerda precisa apresentar uma forma correspondente, para que, na disposição contínua horizontal, o lado direito toque o lado esquerdo do anúncio vizinho.

Em alguns casos, portanto, é possível criar peças gráficas como se fossem papéis de parede, elementos sem limites definidos, que, uma vez colados aos montes em um muro ou em uma parede, tornem-se um cartaz único, do tamanho que se deseja.

Um exemplo é o anúncio do Campari, exibido nas paredes de estações de metrô da Itália. É difícil dizer se estamos diante de um cartaz apenas, de dois ou de vários. O fundo vermelho une as partes, enquanto a forma da palavra, recortada e recomposta, cria um jogo visual incessante. O efeito de profundidade é transmitido pelo nome CAMPARI, grafado em caracteres maiores e caracteres menores. O olho desliza em todas as direções, atraído por essa dinâmica de combinações (muitas vezes com a vontade maligna de encontrar algum erro). Esse anúncio comunica a mensagem pretendida mesmo quando é visto parcialmente, quando há pessoas na frente dele, ou quando é visto depressa, com o trem em movimento. Nesse caso específico, a combinação só é possível no sentido horizontal, mas é evidente que, em outros casos, pode-se obter uma combinação vertical. O motivo que conecta um cartaz a outro pode se distinguir daquilo que está sendo anunciado. Por exemplo, pode se colocar uma maçã vermelha sobre um fundo quadriculado branco e preto ou sobre linhas horizontais, ou, ainda, uma faixa colorida com o nome do produto.

As margens de um cartaz merecem, portanto, especial atenção. Elas podem servir de áreas neutras, para isolá-lo dos demais anúncios, ou de elos calculados de uma série. Em todo caso, no processo criativo, é preciso levá-las em consideração, principalmente se o objetivo é evitar surpresas desagradáveis, como descobrir que o trabalho todo foi em vão no momento em que o cartaz é fixado no muro ou na parede.

Logotipos para edições do prêmio Nobel, inspirados nas antigas letras bizantinas, cristãs e gregas. No esboço, podem ser vistos os diversos estágios do trabalho gráfico e os testes de legibilidade da escrita. O esquema gráfico está contido em dois quadrados. Um logotipo deve se manter legível, mesmo que reduzido a dimensões mínimas.

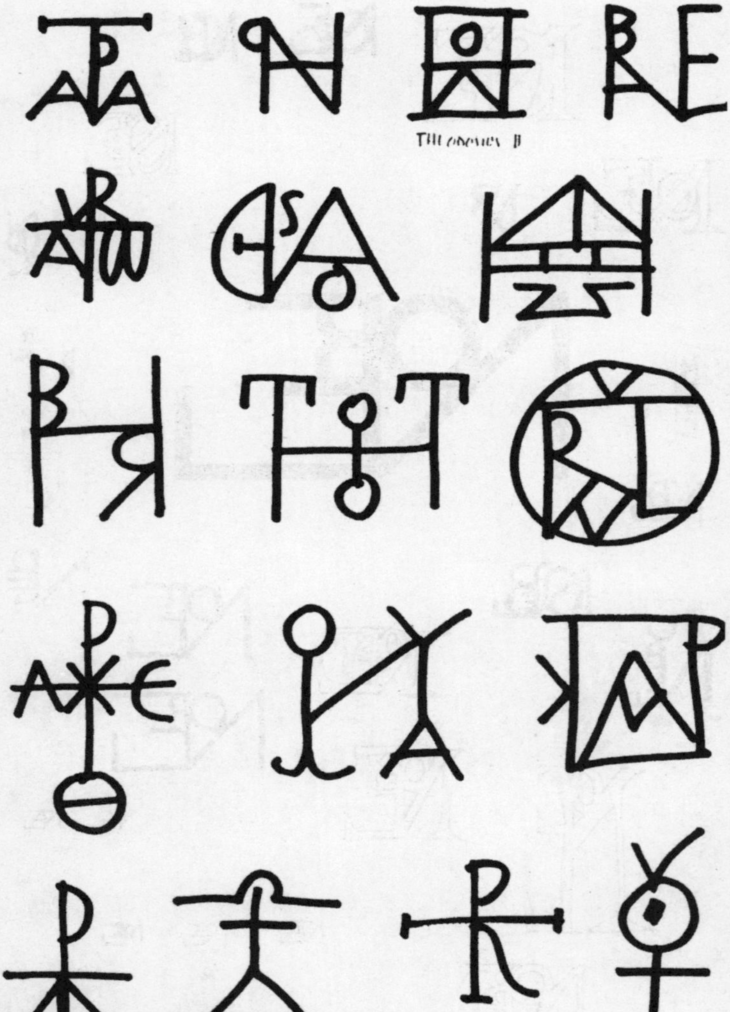

Livros infantis

Conhecer as crianças é como conhecer os gatos. Quem não ama os gatos não amará as crianças nem as entenderá. É comum vermos velhinhas que se aproximam das crianças e fazem caretas horríveis só para assustá-las, dizendo bobagens como "Escreveu não leu..." ou "Quem cochicha o rabo espicha". As crianças normalmente olham para essas pessoas com muita austeridade, como se percebessem que elas envelheceram em vão. Os pequenos não entendem que raios elas querem, então voltam a brincar, retomam as brincadeiras simples e sérias que as absorvem completamente.

Para entrar no mundo de uma criança (ou de um gato), é preciso sentar-se no chão sem atrapalhar o que quer que ela esteja fazendo e esperar até que ela perceba sua presença. É ela quem irá estabelecer contato com você, e você (se for adulto e se não envelheceu em vão), com sua inteligência, compreenderá as necessidades e interesses dela, que de forma alguma se resumem a papá e a cocô. A criança busca entender o mundo, caminha tateando, passando por diferentes experiências, sempre curiosa e interessada em conhecer tudo.

O CÉU ESTÁ MADURO

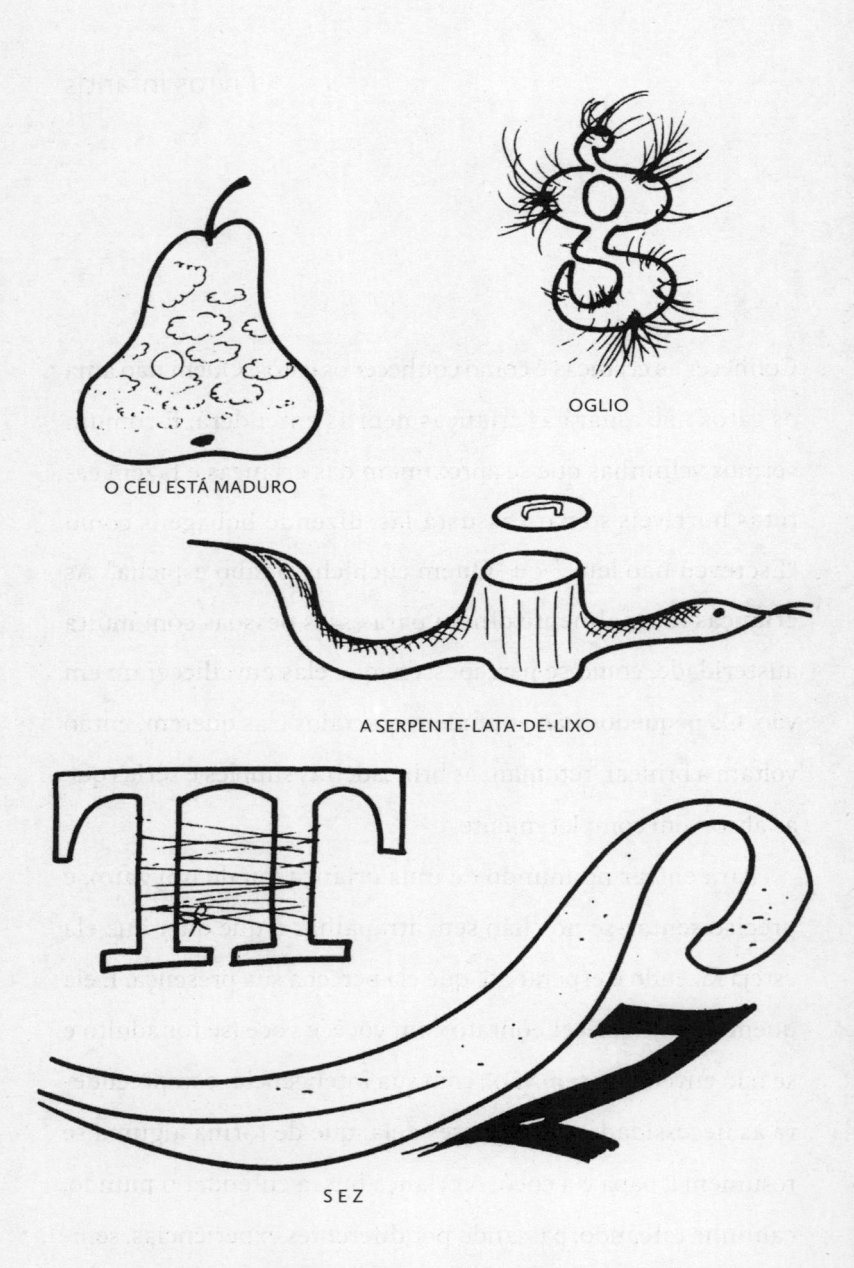

OGLIO

A SERPENTE-LATA-DE-LIXO

SEZ

Ilustrações para os livros infantis escritos por Gianni Rodari.

Uma criança de 3 anos já se interessa pelas ilustrações de um livro de histórias. Mais tarde, ela irá se interessar também pela história. Em seguida, vai começar a ler e entender fatos mais e mais complexos.

É evidente que há fatos e acontecimentos que a criança desconhece, por ela nunca os ter experimentado. Assim, dificilmente ela entenderá o que significa quando o príncipe (cada vez mais um personagem da ficção) se apaixona pela princesa (personagem, como o anterior, ficcional). A criança vai fingir que entende, vai apreciar as cores das roupas das ilustrações ou o cheiro do papel impresso, mas o interesse certamente não será profundo. Outras coisas que as crianças não costumam entender são: edições de luxo, impressões requintadas, livros caros, ilustrações confusas, imagens incompletas (sem os detalhes da cabeça etc.).

E o que pensa o editor sobre isso? Ele pensa que não são as crianças que compram os livros. Quem compra os livros são os adultos, geralmente para dar de presente, nem tanto para agradar à criança, mas para causar uma boa impressão nos pais dela (felizmente nem sempre). Sendo assim, o livro deve ser caro, deve conter ilustrações muito coloridas, não importa se são feias, porque, seja como for, a criança não vai entender nada, sendo bobinha como é. O importante é causar mesmo uma boa impressão.

Um bom livro infantil, com ilustrações adequadas, com uma história decente, modestamente impresso, não faria muito sucesso entre os pais, mas agradaria muito às crianças.

106

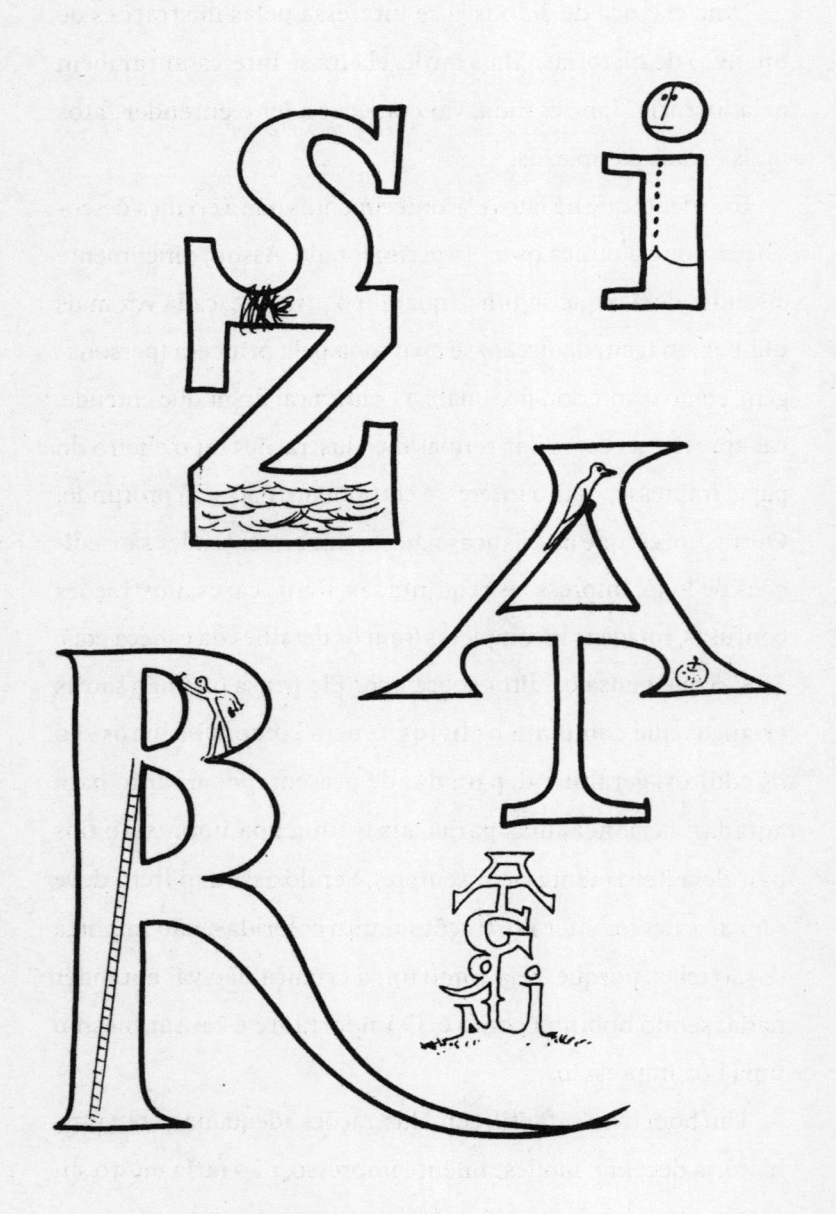

Há também aqueles livros de terror, nos quais uma tesoura enorme decepa os dedos da criança que se recusa a cortar as unhas; ou nos quais uma criança que não quer comer vai emagrecendo, emagrecendo, até morrer; ou nos quais uma criança que brinca com fósforos se queima até virar cinzas; e assim por diante. Histórias muito divertidas e instrutivas, de origem alemã.

A um bom livro para crianças de 3 a 9 anos basta uma história simples e ilustrações coloridas, com figuras completas, desenhadas com precisão e nitidez. Crianças são extremamente observadoras e percebem coisas que os adultos muitas vezes deixam passar. Em um livro meu, testei as possibilidades comunicativas de diversos tipos de papel. No primeiro capítulo, sobre uma página preta, há o desenho de um gato que estica a cara para fora da margem da página da direita e olha para a página seguinte, como se tivesse virado a esquina. Muitos adultos não notaram esse fato curioso.

As histórias deveriam ser simples, como é simples o mundo das crianças. Uma maçã, um gato (os filhotes são mais interessantes do que os animais crescidos), o sol, a lua, uma folha, uma formiga, uma mosca, uma borboleta, a água, o fogo, o tempo (a batida do coração). "É muito difícil", dirá você, "tempo é um tema muito abstrato". Está bem. Vamos experimentar? Leia para o seu filho o texto a seguir e depois me diga se ele entendeu:

O seu coração faz tique-taque, escute, pouse a mão sobre ele. Conte as batidas: uma, duas, três, quatro... Após sessenta batidas, um minuto se passou. Sessenta minutos depois, passou uma hora. Em uma hora, uma planta cresce um milímetro. Em 12 horas, o sol nasce e se põe. Em 24 horas, passa um dia e passa uma noite. O relógio não tem mais serventia, vamos consultar o calendário: segunda, terça, quarta, quinta, sexta,

Uma linha branca em uma pedra cinza pode se transformar em uma estradinha que contorna uma pequena colina. Basta desenhar um ciclista pedalando sobre a linha/estradinha (do outro lado da pedra, sobre a mesma linha, haverá um cachorro que corre atrás do ciclista. Ou na frente?).

sábado, domingo. Uma semana. Quatro semanas formam um mês: janeiro, fevereiro, março, abril, maio, junho, julho, agosto, setembro, outubro, novembro e dezembro. Passaram-se doze meses e o seu coração ainda faz tique-taque, passou um ano de minutos e segundos. Em um ano, passa uma primavera, um verão, um outono e um inverno. O tempo não para nunca. Os relógios marcam as horas, os calendários marcam os dias, o tempo continua a passar e consome tudo. Reduz o ferro a pó. Desenha as rugas no rosto dos velhos. Depois de 100 anos, em um segundo um homem morre e um outro nasce.

Um bom livro infantil pode ensinar coisas boas ou ruins, pode apresentar personagens fictícios, como bruxas ou fadas, pode debater sobre violência, pode estimular a criança a descobrir mundos interessantes em seu ambiente e no seu dia a dia. A criação de livros infantis envolve uma responsabilidade imensa, na medida em que as crianças de hoje serão os adultos da sociedade de amanhã. O caráter delas será formado por tudo aquilo que suas mentes registram hoje. Um bom livro infantil prepara o indivíduo para tudo aquilo que leva a um bom comportamento social, não no sentido da obediência cega e absoluta aos superiores e do medo das autoridades, mesmo falsas, mas, sim, do respeito à própria personalidade e à personalidade dos outros, ao esforço conjunto para resolver problemas comuns, ao desenvolvimento do próprio pensamento, à possibilidade de tomar decisões, à educação estética.

Por exemplo, a propósito da educação estética, não é necessário ensinar às crianças a proporção áurea, basta estimular a criatividade. Imaginemos uma situação em que nós estamos com uma criança, ou várias, em uma praia repleta de pedras. Não há a possibilidade de brincar com areia, não é possível fazer castelos nem cavar buracos. O que a criança pode fazer? Observar as pedras, procurar pedras com formatos curiosos, pedras com manchas brancas, que podem se assemelhar a muitas coisas, pedras com marcas circulares ou retilíneas, ou marcas que se parecem com galhos de árvore.

E, aí, basta desenhar um pássaro atrás desses galhos para transformar a pedra em algo mágico.

111

Sete horas da manhã.

Há em uma praia de pedras, entre outras pedras, pedras que além de serem pedras normais, se olhadas com muita atenção, parecem montanhas ou ilhas distantes. São pedras cheias de detalhes, que se assemelham a protuberâncias rochosas, penhascos, construções arquitetônicas, castelos, trilhas, como esta extraordinária pedra da ilha de Elba. Ela tem apenas 7 centímetros de comprimento, mas, fotografada desta forma por Mario De Biasi, parece uma grande ilha, não mais uma pedra.

Onze e meia da manhã.

Variações do logotipo em forma de peixe do Club degli Editori [Clube dos Editores]. Com esses esboços, pretendeu-se verificar até que ponto ele pode ser alterado e ainda ser reconhecido. Em certos tipos de anúncio ou em estandes de exposições, é necessário, por exemplo, construir o logotipo em madeira, com vários metros de altura. Ainda assim ele será reconhecido? Que alterações podem ser feitas sem que se percam as características essenciais? Embaixo, à esquerda, foto do logotipo formado pela disposição de livros abertos. A ideia foi usada em uma campanha publicitária.

Exercício de deformação e alteração de uma marca conhecida, até o limite da legibilidade.

Design industrial

A miniaturização da arte

Os objetos que nos rodeiam, tanto na nossa casa quanto no nosso ambiente de trabalho, estão se tornando cada vez menores, sem com isso perder a funcionalidade ou a efetividade. À exceção dos objetos que entram em contato com o nosso corpo (poltronas, camas etc.), todo o resto tende a virar uma miniatura. Um aparelho de rádio que há dez anos era do tamanho de um sofá hoje cabe perfeitamente no nosso bolso, graças aos transistores e às placas de circuito impresso. Os arquivos de escritório nos quais se guardavam documentos costumavam ocupar salas inteiras, com estantes e armários empoeirados, do chão ao teto. Agora está tudo armazenado em microfilmes, que podem ser guardados em uma gaveta comum.

Uma das menores unidades de computador foi feita na Alemanha. Ela é quadrada, cada lado mede 2 milímetros, e contém 15 transistores de silício e 13 resistências com suas respectivas conexões. Em um milésimo de segundo, consegue armazenar uma informação complexa que contém vários dígitos.

O microfilme automático pode compactar até mil imagens por minuto. Cada fotografia pode ser novamente ampliada em papel, em poucos segundos e com um custo mínimo. Esse sistema reduz em 98% o espaço necessário para o armazenamento de arquivos. O filme é produzido de forma a durar anos sem se deteriorar.

Tudo se transforma por questões econômicas. Menor espaço, menores custos. Por essa mesma razão, têm se construído casas menores que as de antigamente, mas tão confortáveis quanto. Aquelas casas enormes, com pés-direitos altíssimos e corredores longos estão desaparecendo lentamente, assim como aquelas mansões com jardim particular. Esse tipo de construção está dando o último suspiro antes de desaparecer graças às estrelas de cinema ou àqueles que enriqueceram rapidamente e não sabem como gastar as grandes fortunas que possuem.

As casas particulares do futuro (algumas já são habitadas) serão extremamente confortáveis e compactas. Serão também fáceis de arrumar e limpar, sem a necessidade de uma equipe de limpeza. Muitos móveis desaparecerão, terão sido substituídos por armários embutidos. Talvez cheguemos a alcançar a simplicidade, alcançar as dimensões verdadeiramente humanas, a praticidade típica da casa tradicional japonesa, uma tradição que ainda está viva.

A sala de estar da nossa casa nova terá, quem sabe, uma parede feita inteiramente de vidro, outra reservada a um armário embutido, outra parede, que será móvel, e uma quarta parede, na qual ficará a porta de entrada. O piso será de carpete, o teto será baixo, porém luminoso, e haverá cadeiras e superfícies de apoio para guardar o que for. Nas casas antigas, havia inúmeras paredes com quadros pendurados, e os corredores eram tão largos que podiam abrigar estátuas. Nas novas casas, no entanto, não há mais espaço para essas formas de arte. O quadro é ele próprio um afresco portátil. Quem hoje em dia tem um afresco na parede de casa? Quase ninguém, eu diria. Nem tanto por dificuldades técnicas, mas pelo fato de que, nos dias atuais, nós nos mudamos de casa com muito mais frequência — pelo menos conseguimos levar nossos quadros conosco. Mas, no futuro, como um colecionador de arte conseguirá guardar suas obras em sua casa? Ele guardará tudo em um depósito? Afinal de contas, a pintura e a escultura como as conhecemos hoje são as únicas formas possíveis de artes visuais? Não podemos descobrir novas formas de criação?

O que aconteceu com a música quando as pessoas se deram conta de que os tempos haviam mudado e ninguém mais recebia uma orquestra em casa para concertos? Passaram-se a produzir discos e equipamentos de reprodução em alta-fidelidade. Orquestras em casa pertencem à época dos afrescos. Existem hoje recursos técnicos que permitem aos artistas criar obras de arte para projeção. Pequenas composições com cores que variam, por meio de luz polarizada, ou composições com cores fixas, com material plástico sobre as lentes de projeção.

Antigamente, as tintas usadas pelos artistas vinham em tubinhos. Agora, há uma centena de materiais e de cores que vêm em folhas, uma nova possibilidade para aqueles que sabem como fazer uso disso. Na casa do futuro (minúscula, mas equipada com o que há de mais prático), será possível ter mil "quadros" em uma caixinha do tamanho de um dicionário e projetar cada um deles na parede branca, quando e como se desejar. Não me refiro a fotografias coloridas, mas a obras originais feitas por artistas.

Com esses novos recursos, as artes visuais sobreviverão, ainda que outros recursos técnicos desapareçam. Como todos sabem, arte não é a técnica, e um artista pode fazer arte com o que quer que tenha à mão.

Certo dia, um homem com um martelo na mão se apresentou diante de uma autoridade da época. "Com este martelo pretendo fazer obras de arte", disse, "grandes obras de arte que o mundo inteiro virá ver". Mandaram-no delicadamente para fora do palácio. Esse homem era Michelangelo.

Como se vive em uma casa japonesa tradicional

"Nunca nos cansamos um do outro, as montanhas e eu." (Li-Po)

Desde jovem, sempre sonhei em viver em uma casa japonesa feita de madeira e papel. Agora, em viagem recente a Tóquio e a Kioto, eu me hospedei por três dias em uma casa tradicional e pude observar seus detalhes, as espessuras, os materiais, as cores. Pude bisbilhotar tudo, de cima a baixo, , para tentar entender como ela foi construída da maneira que foi e por quê.

No Japão moderno, há milhares de prédios e edifícios empresariais de concreto, mas as casas em que as pessoas de fato moram são, quase sempre, a tradicional casa de madeira, palha e papel.

Esse tipo de construção, de origem muito antiga, possui uma entrada muito discreta. Não se passa imediatamente da rua para a sala de estar, como é comum entre nós. Há quase sempre um pequeno ambiente, com cerca de 2 × 2 metros, que separa a entrada da casa da rua, mas é o suficiente para se criar uma divisão que, a meu ver, é mais psicológica que física. O piso desses 2 metros quadrados é diferente daquele da rua. Se a rua é de asfalto, este será de pedra — não de lajes uniformes, mas de diferentes tipos. Há também uma parede de bambu, uma parede de madeira natural, uma parede rebocada. A parede que se comunica com a rua às vezes possui um portãozinho baixo de madeira. Em certos casos, há também um riachozinho ou uma pedra em formato de cubo, com uma cavidade redonda cheia de água. Nosso equivalente para isso seria a calha que se vê na parte externa das casas do interior, que vez ou outra jorra a água com sabão que sai da lavagem das roupas.

Uma pequena árvore, mais alta do que a parede de bambu, decora a parede rebocada com suas folhas. A porta de entrada fica escondida atrás de um painel de ramos secos. Abre-se a porta e se está em casa. O hall de entrada tem um piso de pedra cinza natural, no qual se deixam os sapatos. Sobre um degrau de madeira, encontra-se um par de pantufas limpas. A sala pela qual se entra em seguida possui um piso elevado em relação ao hall. Se você for ao Japão, não leve pantufas, elas estão por toda parte, sempre à disposição.

Nós, por outro lado, ficamos de sapato e levamos a sujeira da rua até o quarto onde dormimos.

O interior da casa é composto por tatames, dispostos horizontalmente, e por outros elementos modulares verticais. O módulo, a pré-fabricação, a produção em massa e todas as inovações que andamos pregando como uma novidade necessária já são aplicados há centenas de anos na casa japonesa tradicional.

O tatame é uma esteira de palha fina com trama bem estreita e a cor da grama quase seca. As bordas são arrematadas com um tecido escuro, muitas vezes preto. Ele mede cerca de 1 × 2 metros: a medida de um homem deitado.

O piso dos cômodos é coberto com esses tatames, de parede a parede, como um carpete macio e agradável ao toque. O espaço do ambiente é definido por meio de tatames. Sendo assim, um cômodo de dois tatames é um cômodo de 2 × 2 metros, um cômodo de oito tatames tem 4 × 4 metros, e assim por diante.

Outra descoberta japonesa que só agora estamos começando a descobrir são as paredes móveis e as janelas contínuas. Todas as paredes da casa japonesa são móveis, exceto as que abrigam armários embutidos, e todas as paredes externas são de correr, exceto as do banheiro. Na prática, essas casas têm janelas e portas onde quer que se deseje. Conforme a posição do sol, a direção do vento, o frio ou o calor, pode se organizar a casa de diferentes maneiras.

Direi aos que não sabem: não há móveis espalhados pelo cômodo. Tudo o que é necessário é guardado em armários embutidos, incluindo a cama, isto é, o colchão e as cobertas. Na hora de dormir, fecha-se uma parede, retira-se um colchão do armário, coloca-o no tatame (que não fica, como nós pensamos, "no chão"), e dorme-se. Como se dorme? Muito bem. O piso não é nem duro nem frio, graças ao tatame, e o colchão é firme na medida, não afunda.

O pé-direito dos quartos é de cerca de 2,5 metros, para evitar a sensação de vazio acima de quem está deitado. É tão bom como estar debaixo de um amplo dossel.

As portas de correr e as portas dos armários embutidos são de papel emoldurado por uma madeira leve. Elas correm em uma canaleta de apenas 2 milímetros entre um tatame e outro. As portas são tão leves que se deslocam com a força de um único dedo, e não há maçanetas ou fechaduras.

Nós, claro, temos portas robustas, com maçanetas, dobradiças e cadeados, e quando as batemos, o barulho é ouvido por toda a casa. Quando uma porta de papel é fechada, no entanto... Os passos sobre os tatames, quando se caminha apenas de meias, ficam abafados. A luz é discreta e as proporções, harmoniosas. O ar circula de modo natural. Ao contrário do ar artificialmente condicionado, quase sempre muito quente ou muito frio, o ar nas casas japonesas entra por frestas reguláveis abertas na parte mais fresca da casa e sai por outras frestas reguláveis situadas na parte alta da casa, exposta ao sol. Entra o ar fresco, sai o ar quente. No inverno, o tamanho dos cômodos é reduzido, e basta um braseiro ou uma pequena estufa para aquecê-los.

As "janelas" (isto é, as telas de correr) são revestidas de papel branco ou vidro e podem ser abertas ao longo de todo o perímetro da casa. Elas são protegidas por um teto que se estende de modo a formar uma cobertura do lado de fora da casa. Essa cobertura funciona como uma espécie de varanda, ou como uma passagem externa entre as partes da construção. Como já está claro, portas e janelas são a mesma coisa nessas casas.

Os materiais utilizados na construção são naturais e seguem a lógica da natureza. Por exemplo: em uma casa de madeira, o que se deve colocar sobre o teto (onde nós colocamos as telhas)? Uma camada de casca de cipreste, evidentemente. Isso porque a casca é a parte da árvore resistente ao sol e ao gelo, à umidade e ao ar seco, e, portanto, não irá rachar, apodrecer nem se deformar. A utilização da madeira no restante da casa leva sempre em conta que todo tronco possui uma parte da frente, exposta ao sol, e uma parte de trás, voltada para a sombra. Eles não usam a madeira que estava na sombra na parte ensolarada da casa e vice-versa.

Sendo assim, as madeiras e os materiais são usados em sua forma natural e nunca, exceto em casos excepcionais, são pintados. Um material natural envelhece bem. Um material pintado perde a tinta, apodrece, deixa de respirar. É artificial.

Todas as casas, tanto a do rico quanto a do pobre, mesmo tendo os mesmos módulos, os mesmos tatames, as mesmas madeiras e as mesmas proporções, são diferentes entre si, devido à criatividade no uso do material. A cor dos ambientes é neutra, vai do cinza-oliva ao castanho, à cor da grama seca, à cor da madeira e a um reboco especial, colorido com uma pasta do mesmo tom da terra de Kioto, uma espécie de argila.

Em ambientes tão naturais, uma pessoa sobressai e domina. Sentada em tatames ou almofadas, diante de uma mesa pequena e baixa, único móvel e único objeto laqueado, ela bebe chá, come com palitinhos de madeira uma comida simples e substanciosa (a cozinha japonesa é como a cozinha toscana, mas oriental) e toma saquê. No fim da refeição, os talheres são jogados fora e os poucos pratinhos são imediatamente lavados e guardados. A sala de jantar torna-se novamente a sala de estar e, mais tarde, o quarto de dormir. Nada de mudança na disposição dos móveis, sem complicações, sem barulho de facas, garfos e colheres. Tudo é mais simples.

Na parte da casa em que se passa mais tempo, há uma espécie de nicho quadrado com piso elevado. É o *tokonoma*, um canto da casa construído com materiais velhos da casa antiga, um vínculo com o passado. Basta um pilar de madeira envelhecido, mas ainda firme. No *tokonoma* há o único quadro da casa (nem sempre este, há outros enrolados nos armários embutidos) e um vaso de flores, ajeitado com arte. Diferentemente de nós, os japoneses não compram um maço de cravos e o enfiam no primeiro pote de geleia que encontram pela frente.

Até o toalete é arrumado com simplicidade e criatividade. Da janelinha do banheiro, vê-se um galho de árvore, um pedacinho do céu, uma muretazinha e uma cerca de bambu. A banheira é de madeira, material mais agradável ao tato.

É evidente que, ao morar em uma casa de madeira e papel, é necessário comportar-se bem. Não se pode apoiar nas paredes nem jogar bituca de cigarro no chão. Não se pode bater portas nem derramar nada. Se por acaso se suja uma porta, troca-se o papel, que é barato, e fica tudo novinho em folha.

Que sorte nós temos, em comparação. Como, especialmente na Itália, o piso é de mármore e não queima, nós jogamos bitucas de cigarro no chão, batemos as portas com força (caso contrário, elas não fecham direito), apoiamos as mãos em qualquer lugar e fazemos lindas decorações nos rodapés das paredes com a sola do sapato. Como se não bastasse, procuramos usar materiais que escondem a sujeira. Nós não limpamos a sujeira, não buscamos ser mais educados — contanto que ninguém perceba, está tudo bem.

Quem quiser se aprofundar no tema, basta consultar o lindo volume sobre arquitetura japonesa de Teiji Itoh, publicado na Itália pela editora Silvana.

O que é o bambu

Para o designer, é interessante entender o que o bambu significa para o povo japonês, como ele é cultivado, usado, trabalhado, comido. Ainda mais interessante é aprender como os artesãos japoneses, aqueles raros profissionais que se contentam com baixas remunerações, desde que possam fazer um trabalho que os satisfaça plenamente, lidam com esse material. O bambu é uma madeira que é quase um osso, é uma espécie de planta pré-histórica (do período das samambaias gigantes? Preciso lembrar de perguntar a um botânico) que, em condições ambientais favoráveis, pode crescer até 20 centímetros por dia.

A fibra retilínea longitudinal do bambu provavelmente resulta dessa extraordinária velocidade de crescimento. Ele é quase um cano vegetal, um tubo verde constituído de placas horizontais internas que dividem a cavidade em várias seções independentes, vedadas. Na parte externa desse tubo há arestas circulares que correspondem a cada uma dessas placas e parecem marcar o ritmo de crescimento da planta. A natureza nos oferece bambus de todos os tamanhos e (sem cobranças adicionais) já pintados.

Desde tempos imemoriais, os japoneses usam o bambu para fazer tubulações, simplesmente rompendo as placas horizontais internas com um ferro comprido. Eles constroem a estrutura das casas e fazem cercas cortando e amarrando de diferentes maneiras várias canas do mesmo tamanho. Fazem vasos de flores aproveitando as placas internas como fundo e cortando o bambu das formas mais impensáveis. Esses vasos são o exemplo perfeito da inventividade e habilidade dos artesãos japoneses. Eles respeitam sempre a natureza e a estrutura desses "tubos com nós internos", descobrindo neles diferentes proporções. Há sempre um equilíbrio entre a parte interna e a parte externa do vaso, e também entre os espaços vazios e cheios. O nó é posicionado do modo mais lógico, como faria um bom designer ao trabalhar com um material como esse.

Eu já vi um cofrinho feito com um pedaço de bambu fechado dos lados, apenas com uma fenda para as moedas; um par de pernas de pau de 2 metros de altura feito inteiramente de bambu; uma seringa feita com um pedaço de bambu fechado em uma das extremidades, com um buraco pelo qual passava um tubo de bambu mais fino e um pistão, também de bambu, encaixado perfeitamente no interior do cilindro. Sem falar de varas de pescar, dardos e equipamentos esportivos, armas e instrumentos musicais, brinquedos e objetos de todo tipo. Até já comprei pincéis feitos apenas de bambu, os nós limitam o cabo de um lado e, do outro, o bastão é desfiado. Ele pode ser usado como um pincel normal de cerdas.

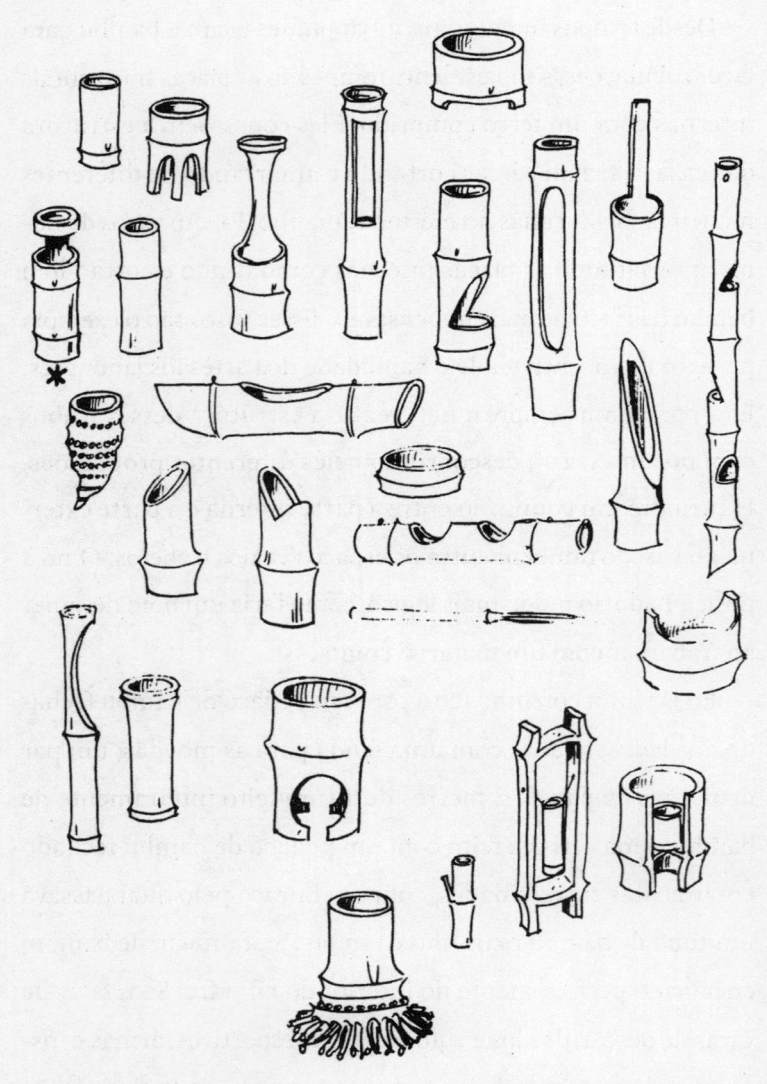

Alguns dos muitos tipos de vaso de flores feitos com pedaços de bambu. O vaso à esquerda, marcado com asterisco, é um dos mais antigos vasos para *ikebana* (a arte de dispor flores em vasos) e é obra de Sen-no-Rikyu (metade do século XVI). Ele tem 33 centímetros de altura e costumava ser usado na cerimônia do chá.

Cortando longitudinalmente uma cana de bambu de 2 metros de altura ainda verde, com uma faca não afiada, obtêm-se duas metades. A faca desliza ao longo da cana, guiando-se pelas fibras longitudinais, e ela se parte rapidamente, de uma vez só. Se essa operação for repetida em cada pedaço, pode se cortar o bambu em diversos fios longos, do comprimento da cana e com um milímetro de largura. Com esses fios, fazem-se persianas, esteiras, cestas e qualquer outro objeto que fazemos, por exemplo, com junco ou vime.

Com ripas mais grossas são feitos outros tipos de esteira, cestos etc. Partindo uma cana de bambu em dois e apoiando as partes abertas no chão, basta caminhar sobre elas para abri-las em quatro ou seis pedaços, transformando a circunferência em um plano. Assim os japoneses fazem paredes, tetos e muitos outros componentes da casa.

Os artesãos japoneses cortam e trabalham o bambu de forma totalmente natural, quase sempre sem ferramentas especiais. Como o material é usado de acordo com suas características naturais, os objetos produzidos têm um aspecto imediatamente compreensível. Por exemplo, é lógico que a parte próxima ao fechamento interno seja mais grossa e é igualmente lógico que o corte da cana deve ser feito de determinado modo, conforme o uso ao qual se destina.

Não estou afirmando que todos os artesãos japoneses são bons, mas a maioria é. Eles seguem uma tradição. Ademais, há sempre aqueles que querem seguir as modas ocidentais e fazem decorações "abstratas" com o bambu, como se faria com um tubo de plástico, o que demonstra sua falta de inteligência.

No estudo dos aspectos típicos de um povo, é sempre bom investigar o que ele tem de melhor, ao menos se o nosso objetivo for aprender algo. Coisas feias são igualmente feias no mundo inteiro. Apenas o melhor tem algo a nos ensinar, e o melhor de qualquer coisa é aquilo que é único. Cada país é excelente em alguma coisa e em todo o resto é como os outros países: medíocre.

Uma forma espontânea

Poderíamos dizer também "uma forma natural". A natureza de fato cria suas formas de acordo com as especificidades do material, da utilidade, da função e do ambiente. Formas simples, como a da gota d'água, ou mais complicadas, como a do louva-deus, são todas construídas segundo leis de economia estrutural. Em uma cana de bambu, a espessura do material, o diâmetro decrescente, sua elasticidade e a disposição dos nós respondem a leis de economia bem precisas: mais grosso em cima e mais estreito embaixo seria errado; mais rígido, quebraria; mais elástico, não suportaria o peso da neve. Erros de construção não provêm da estética das coisas, provêm da desconsideração às técnicas de construção naturais e lógicas.

É por isso que uma coisa feita com precisão é também bela, e o estudo e a observação das formas espontâneas e naturais é de extrema importância para o designer, que costuma usar os materiais de acordo com sua natureza e característica técnicas. O designer não opta por usar o ferro quando a madeira funcionaria melhor, ou o vidro quando seria melhor o plástico.

É evidente que o designer não trabalha na natureza, mas no âmbito da produção industrial. Portanto, seus projetos exigirão outro tipo de espontaneidade, uma espontaneidade industrial, baseada na simplicidade e na economia de construção. Há um limite para a simplicidade estrutural, e é estimulante desafiar esse limite. Não à toa objetos espontâneos rendem diversas imitações, embora todas sejam inferiores ao original, como se fossem estudos preliminares feitos para se chegar à forma simples.

Um exemplo de forma espontânea é a luminária aqui apresentada. Ela é basicamente um tubo de helanca. Eu passei muito tempo refletindo sobre a elasticidade como um componente formal dos objetos, até que um dia eu fui a uma fábrica de meias e perguntei se poderiam fazer uma luminária para mim. "Nós não fabricamos luminárias, senhor", disseram eles. Eu disse: "Esperem e verão." E assim foi.

Os fabricantes têm, às vezes, certas fixações. Eles se impõem limites e acreditam que o produto deles só pode ser utilizado de uma forma específica. No entanto, com experimentações e boa vontade, podem ser encontradas novas utilidades, e assim ampliar as possibilidades comerciais de uma produção industrial.

A fábrica me informou tudo a respeito da elasticidade mínima e máxima da helanca, as medidas possíveis dos tubos, o tipo de fio mais adequado a esse novo escopo, e me deu um mostruário de tubos brancos, de tamanho aleatório, para que eu pudesse fazer os testes.

Os componentes formais desse objeto luminoso são: a elasticidade do material utilizado, a tensão que provém das argolas

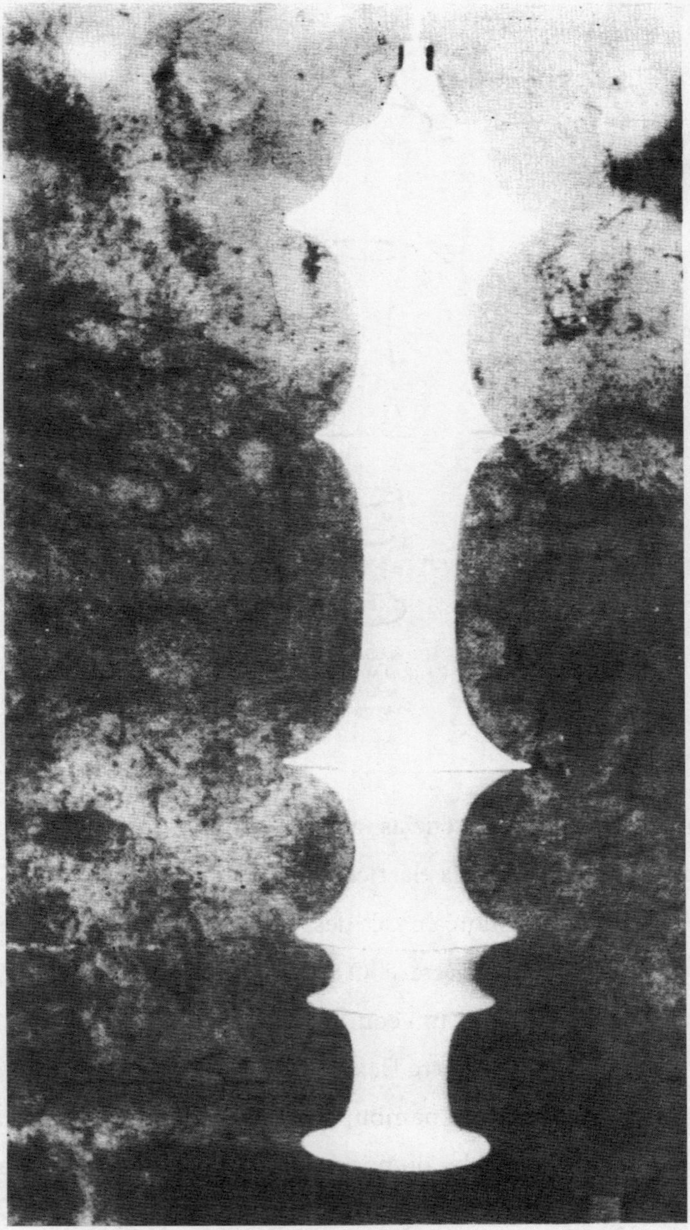

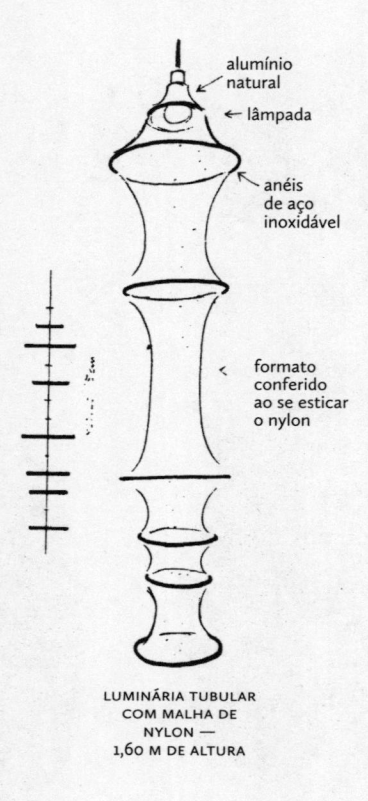

alumínio natural
lâmpada
anéis de aço inoxidável
formato conferido ao se esticar o nylon

LUMINÁRIA TUBULAR
COM MALHA DE
NYLON —
1,60 M DE ALTURA

metálicas de circunferências variadas (a máxima circunferência corresponde à máxima elasticidade do tubo) e o peso.

A forma espontânea nasce desses três elementos, todos estreitamente ligados entre si. O objeto se forma por conta própria, ao se estabelecer um equilíbrio entre essas forças.

É por isso que a parte flexível entre um anel e outro tem a mesma natureza do bambu, por exemplo, mas sem tentar "representar" o bambu ou mimetizar as pequenas estruturas geométricas das bolhas de sabão. Ela é ela mesma.

Um problema que surgiu foi como fixar as argolas metálicas. Resolveu-se o problema por meio de costuras feitas na própria malha. Essas costuras, além de definirem a posição ao longo do tubo para a montagem, garantiam que as argolas ficariam paralelas entre si.

Quando pendurada, a luminária mede cerca de 1,60 m, mas, quando apoiada sobre um plano, fica com apenas alguns centímetros de altura, o que facilita quanto aos problemas de armazenamento e, consequentemente, reduz o custo. Para que ela ganhe forma, basta pendurá-la. Não há, portanto, uma estrutura especial ou um apoio para segurar as argolas, como há nas luminárias projetadas de acordo com ideias preconcebidas de estilo e forma. Nesse caso, a forma nasce espontaneamente da experimentação com materiais e tensões.

As argolas estão dispostas de modo a garantir que a luz, situada no alto, chegue até a parte de baixo, criando o *efeito moiré* quando ela é olhada através das camadas da malha.

Luminária em forma de prisma

Um bom designer, no momento da criação, não deve perder de vista que um objeto que ocupa muito espaço quando está em uso não pode ocupar o mesmo espaço ao ser guardado ou enviado pelo correio. Ao cortar os custos de armazenagem e envio, reduz-se também o preço de venda do produto.

Muitos designers criam objetos desmontáveis, mas a montagem com muitos encaixes e parafusos dificulta a vida do comprador que não domina essas manobras. O ideal seria que, ao ser retirado da caixa, o objeto se montasse sozinho, como um truque de ilusionista: de uma caixa plana sai um objeto tridimensional.

Em muitos casos, isso é possível. Basta levar em conta a força da gravidade como componente do objeto. Um lustre antigo com gotas de cristais, quando não dispõe de um suporte, torna-se um monte de cacareco. O que lhe dá forma é a força da gravidade.

O lustre na página seguinte foi projetado a partir desses princípios. Ele é feito com três placas de poliéster e fibra de vidro fixadas em um suporte articulado. Quando está na caixa, no depósito, tem 2 centímetros de espessura, mas quando é retirado da caixa e suspenso pela argola do suporte da lâmpada, seu próprio peso dá a forma que deve ter.

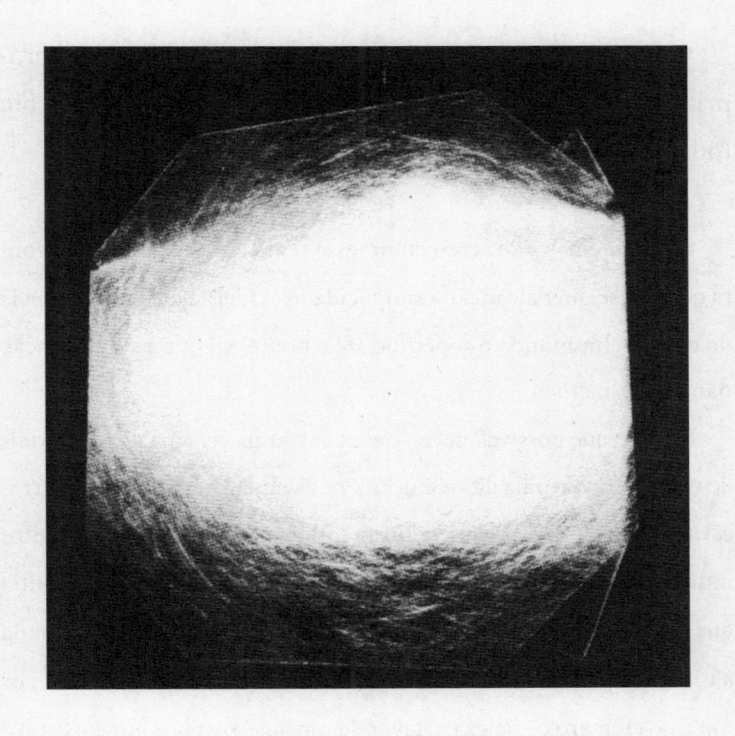

As três placas transparentes são mantidas juntas por argolas fixadas a três hastes de alumínio. As três hastes estão presas à lâmpada também por argolas. Todo o conjunto é articulado e se dobra facilmente, graças aos ângulos chanfrados das placas, que facilitam a operação.

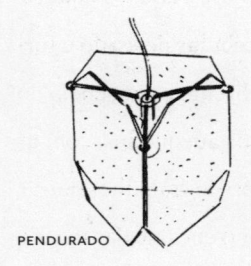

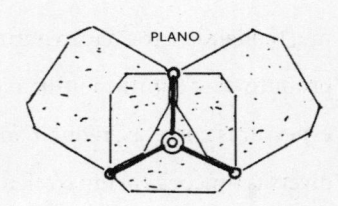

PENDURADO

PLANO

141

Quando aceso, o objeto adquire uma beleza luminosa própria. Depois de dobrado, pode ser enviado pelo correio com toda a segurança.

Subtrair em vez de acrescentar: essa regra deve ser levada em conta quando se quer alcançar a simplicidade. A ideia é chegar à essência do objeto, eliminando o supérfluo até o ponto em que a simplificação não é mais factível.

Sempre que possível, deve-se concentrar na escolha dos materiais do objeto e na escolha das técnicas. Por exemplo, fabricantes de carrocerias de carro ainda hoje produzem milhares de peças e acabamentos inúteis, só para contentar o gosto duvidoso do consumidor. A quantia que se gasta para respeitar o gosto do freguês (gosto que, aliás, muda a cada estação) poderia ser gasta para modificar essa inclinação por um tipo efêmero de beleza, a favor de um gosto estável por coisas autênticas. Assim se reduziriam os custos de produção e seria possível oferecer um produto mais simples e autêntico. Um objeto moldado de uma só vez, cujo acabamento exige menos tempo de trabalho, é tudo que um designer deve almejar. É evidente que em breve as carrocerias de carro de plástico substituirão as carrocerias compostas de inúmeras peças, todas fabricadas separadamente e então soldadas.

Ao se fazer um projeto sem noções preconcebidas de estilo e forma, tendendo à formação natural das coisas, obtém-se a essência do produto. Isso significa utilizar os materiais mais adequados, com as espessuras corretas, reduzir ao mínimo o tempo de trabalho, reunir diversas funções em um só elemento, simplificar o encaixe das partes, utilizar o mínimo de material possível em um mesmo objeto, eliminar a necessidade de acabamentos especiais, resolver as eventuais inscrições já no molde, prever a redução do tamanho para armazenamento e prever a montagem automática, explorando ao máximo a força da gravidade, lembrando que um objeto que se pendura custa menos que um objeto que precisa de apoio, e tantos outros truques de que um designer experiente lança mão para lidar com os desafios do processo de criação.

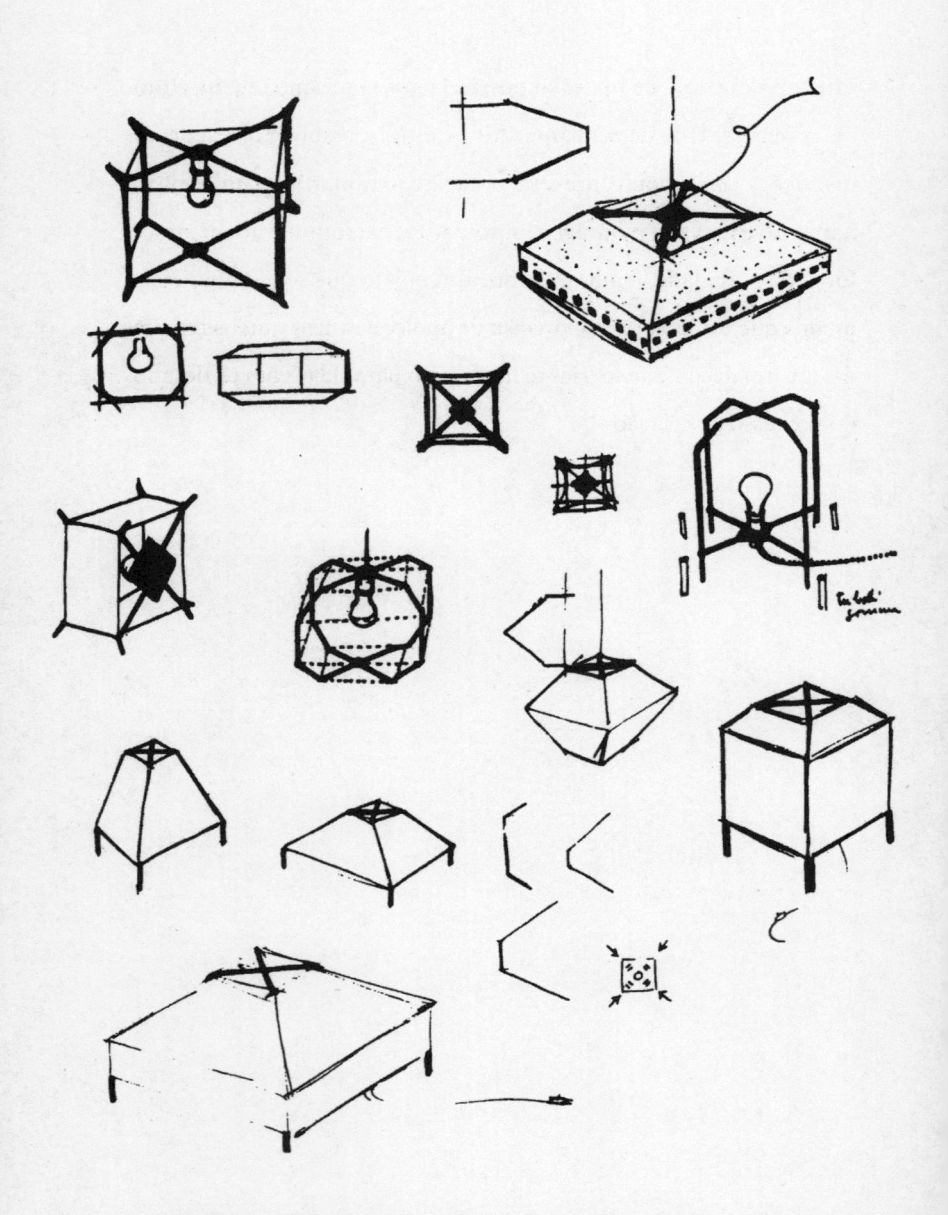

Estudo de possíveis estruturas e variações de luminária cúbica. O desafio é manter aberto um cubo de plástico por meio de uma sustentação de fios metálicos que se estendem pelas diagonais (horizontalmente) e pelos quatro lados verticais.

Objetos gastos

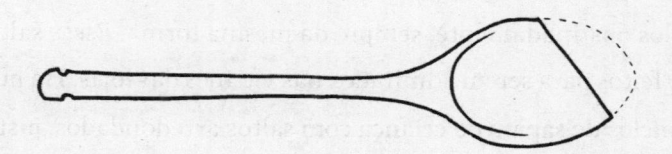

Vá até a cozinha e abra a primeira gaveta que encontrar. As chances de se deparar com uma colher de pau são grandes. Bom, se a colher não for nova, digo, se não foi comprada recentemente, você notará que ela perdeu o formato original. É como se a ponta tivesse sido cortada na diagonal. Falta uma parte da colher.

Nós comemos a parte que falta (não de uma vez só, claro) junto com as sopas, os molhos e as massas que preparamos com a colher. Foi o uso contínuo que conferiu à colher seu novo formato. Ele resulta do atrito da madeira com o fundo da panela, que pouco a pouco a modelou, nos mostrando como uma colher de pau deve parecer.

Este é um caso, e há outros, a partir do qual o designer pode aprender sobre que forma dar ao produto que está desenvolvendo, especialmente quando se trata de um objeto que está sempre em contato com outros objetos, e que, portanto, adquire um formato particular conforme o uso.

O que há de mais desastroso do que o salto de um sapato? Sobre ele nós apoiamos todo o peso do nosso corpo enquanto caminhamos. A partir do momento em que nós calçamos esses sapatos, nós os destruímos, e ainda assim voltamos a calçá-los obstinadamente, sempre da mesma forma. Esses saltos são feitos para serem admirados nas vitrines das lojas. Há hoje modelos de sapato de criança com saltos arredondados, justamente de acordo com a forma gasta pelo uso. Mas isso não é possível para adultos. Esses sapatos não venderiam. Eles não transmitem seriedade.

Algumas vezes, o uso demanda uma solução oposta. O pneu é mais grosso na parte em que o desgaste é maior. Sendo assim, nós devemos considerar a opção de usar o produto com cuidado. Não se pode generalizar e fazer uma regra válida para todos os casos.

Se você já visitou a famosa Torre de Pisa, deve ter reparado no desgaste dos degraus. A inclinação da torre obriga as pessoas que sobem as escadas a se deslocarem na direção do eixo, quando a parede inclina-se para dentro, e a caminhar na beirada externa do degrau quando a parede inclina-se para fora.

O resultado é uma estranha marca helicoidal, que, nesse caso, não oferece nenhuma lição especial para o designer, mas é interessante como fato plástico, por ser um sulco feito pelo atrito de milhares de sapatos, todos seguindo o mesmo caminho, determinado pela inclinação da torre. Em uma torre reta, o sulco seria visível no espaço entre a metade do degrau e a parte interna (onde quer que estivesse, seria paralelo à parte externa da escada, enquanto na torre inclinada ele não é paralelo). Se colocássemos todos os degraus da Torre de Pisa lado a lado no chão, em um gramado, um após outro, como estão na escada, veríamos o sulco serpentear para a direita e para a esquerda dos degraus. Mas basta, vamos colocá-los na Torre de Pisa novamente.

A laranja, as ervilhas e a rosa

Pode se estabelecer um paralelo entre os objetos projetados pelo designer e os objetos produzidos pela natureza? Alguns objetos naturais têm elementos em comum com os projetados: o que é a casca de um fruto senão uma "embalagem"? Há diversos tipos de embalagem para cada fruta, do coco à banana. Se aplicássemos o conhecimento de design a alguns objetos naturais, talvez descobríssemos coisas interessantes...

A laranja

Este objeto é constituído por uma série de recipientes modulares dispostos de forma circular ao redor de um eixo central vertical. Cada recipiente, ou fatia, apoia o lado reto no eixo central enquanto o lado curvo fica voltado para o exterior, formando, no conjunto, uma espécie de esfera.

O conjunto dessas fatias é envolvido por uma embalagem bem característica, tanto pelo material como pela cor: é um tanto quanto dura na superfície externa, mas forrada internamente por um revestimento macio, que funciona como proteção entre a superfície externa e as seções armazenadas do lado de dentro. Todo o material é originalmente do mesmo tipo, mas se diferencia quanto à sua função.

Cada recipiente, por sua vez, é envolvido por uma película que se assemelha a plástico, grande o suficiente para conter o sumo, mas de fácil manipulação no momento da desmontagem da forma global. As fatias são unidas por um adesivo muito fraco, embora eficiente. A embalagem, seguindo a tendência atual, não é retornável, devendo ser descartada.

Cada fatia tem exatamente a forma da disposição dos dentes na boca humana, de modo que, uma vez extraída a embalagem, ela pode ser colocada entre os dentes, e uma leve pressão é suficiente para se extrair o sumo. Além do sumo, as fatias contêm uma pequena semente da mesma planta que gerou o fruto: um pequeno brinde que o fabricante oferece ao consumidor, caso este queira ter uma produção própria desses objetos. Deve se destacar que, embora um brinde como esse não represente prejuízo econômico para o produtor, cria um poderoso vínculo psicológico entre ele e o consumidor. Poucos consumidores semearão laranjas; porém, o gesto altamente altruísta (a ideia de que basta querer para fazê-lo) os liberta do complexo de castração e estabelece uma relação de confiança autônoma e recíproca.

A laranja é, portanto, um objeto quase perfeito, que apresenta uma absoluta coerência entre forma, função e consumo. Até mesmo a cor é exata — seria um enorme equívoco se ela fosse azul.

O único elemento decorativo, se assim se pode dizer, é o sofisticado material da parte externa da embalagem, desenvolvido de forma a produzir o efeito de "casca de laranja". Talvez isso seja feito para induzir o consumidor a se lembrar da polpa encontrada no interior dos recipientes de plástico. Seja como for, uma decoração mínima é permitida, ainda mais quando é perfeitamente justificada, como neste caso.

As ervilhas

Pílulas alimentares de diâmetros diversos, embaladas em estojos em forma de concha, muito elegantes no formato, na cor, no material, na semitrasnparência e na notável facilidade de abertura.

Tanto o produto propriamente dito quanto o estojo no qual ele vem armazenado e o adesivo para manter o conjunto unido provêm do mesmo fornecedor. Sendo assim, nada de diferentes operações com materiais diferentes e uma posterior fase de acabamento e montagem, mas uma programação de trabalho muito precisa, certamente resultado de um trabalho em equipe (*team-work*).

O objeto é monocromático, mas com delicadas variações de tom, o que lhe confere um aspecto levemente sofisticado, que, no entanto, também se alinha com o gosto dos consumidores alheios à cultura contemporânea. A cor é verde, um verde muito conhecido, denominado popularmente "verde-ervilha. A escolha da cor foi bastante calculada: introduzida no início da produção, até hoje não passou por modificações. Essa cor inclusive influenciou a moda e a decoração nos anos 1920 e 30.

A forma das pílulas é um tanto quanto regular, embora tenham tido o cuidado de variá-las quanto ao diâmetro. No entanto, a verdadeira originalidade do produto, pela simplicidade do conceito, reside no estojo. Ele é feito de dois componentes iguais e simétricos (como é comum hoje, por questões de economia de produção). Esses componentes são suficientemente côncavos para guardar as pílulas e seu molde deixa ver a forma, o número e a disposição delas. Os dois elementos ficam perfeitamente unidos e vedados (algo importante, já que frequentemente são expostos à chuva) por meio de um adesivo que tem dupla função: do lado mais longo, funciona como um simples adesivo, mas do lado mais curto funciona como uma dobradiça. Basta segurar o estojo com o indicador e o polegar e fazer uma leve pressão com a ponta dos dedos que ele se abre de repente, mostrando todas as pílulas bem alinhadas, ordenadas por tamanho.

Uma característica típica dessa produção é a variação do número de pílulas em cada série. Isso gera um problema muito debatido nos congressos internacionais de design. Geralmente, variações aumentam as possibilidades de venda, desde que as características essenciais do produto permaneçam inalteradas.

No caso da produção de ervilhas, há uma variação exagerada. No mercado, podem ser encontrados recipientes com doze, dez, oito, sete pílulas... Às vezes duas, ou até uma. Trata-se de uma variação excessiva e, no fim das contas, de um desperdício. Quem compra uma única ervilha ou exige do vendedor um recipiente com apenas uma ervilha? Pois é. No entanto, há milhares de anos esse objeto continua sendo produzido desse modo, sem contudo causar revolta nos consumidores. Seja como for, é provável que essa variação exagerada seja resultado de um erro de pesquisa de mercado, certamente feita antes de se decidir pela produção em larga escala, e depois perpetuado por conta de negligência burocrática.

A rosa

Qualquer concepção racional da função do Design Industrial deve partir da rejeição à produção de objetos absolutamente inúteis para a humanidade, os quais, infelizmente, são muito comuns.

São objetos que surgiram não se sabe como, que servem apenas ao mais banal dos conceitos: o da decoração. Eles são inteiramente gratuitos e injustificados, embora, em alguns casos, apresentem coerência formal. Sabe-se, no entanto, que coerência formal não basta para justificar a produção de objetos sem nenhuma análise prévia das possibilidades de mercado.

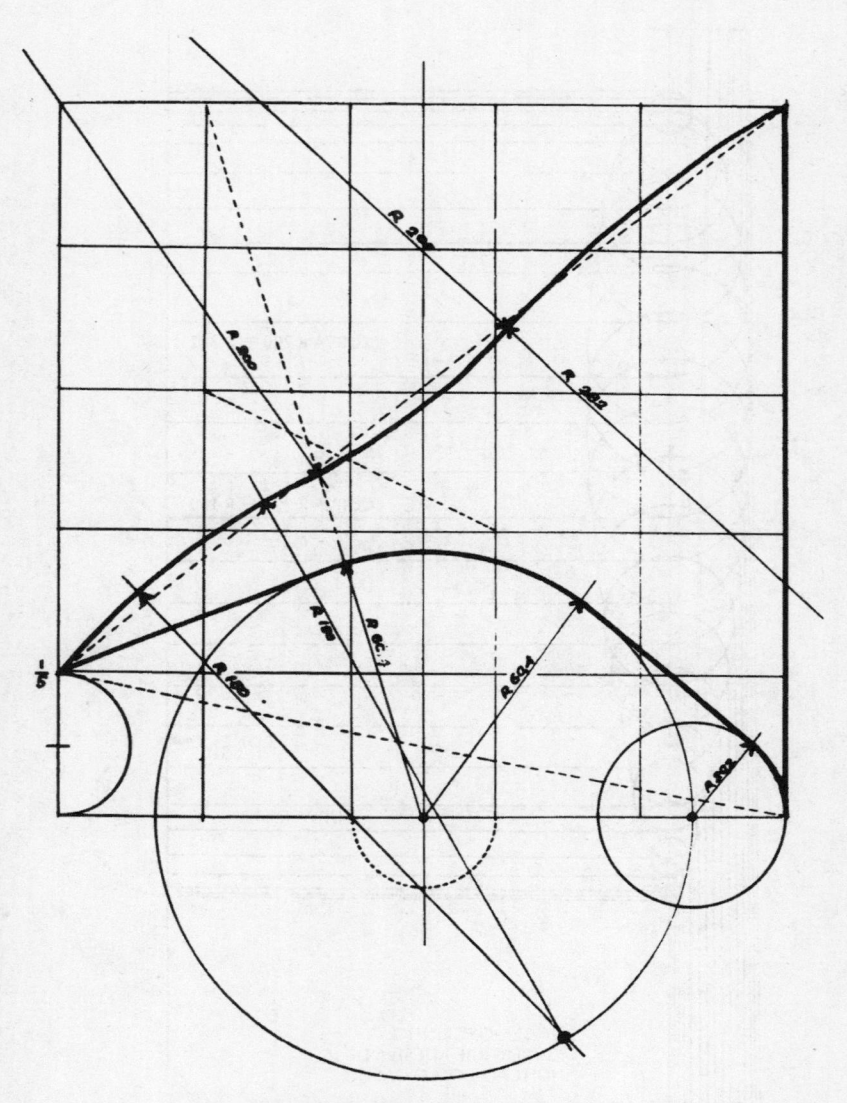

Desenho da estrutura do espinho da rosa.

CURVA R 200 — R 282

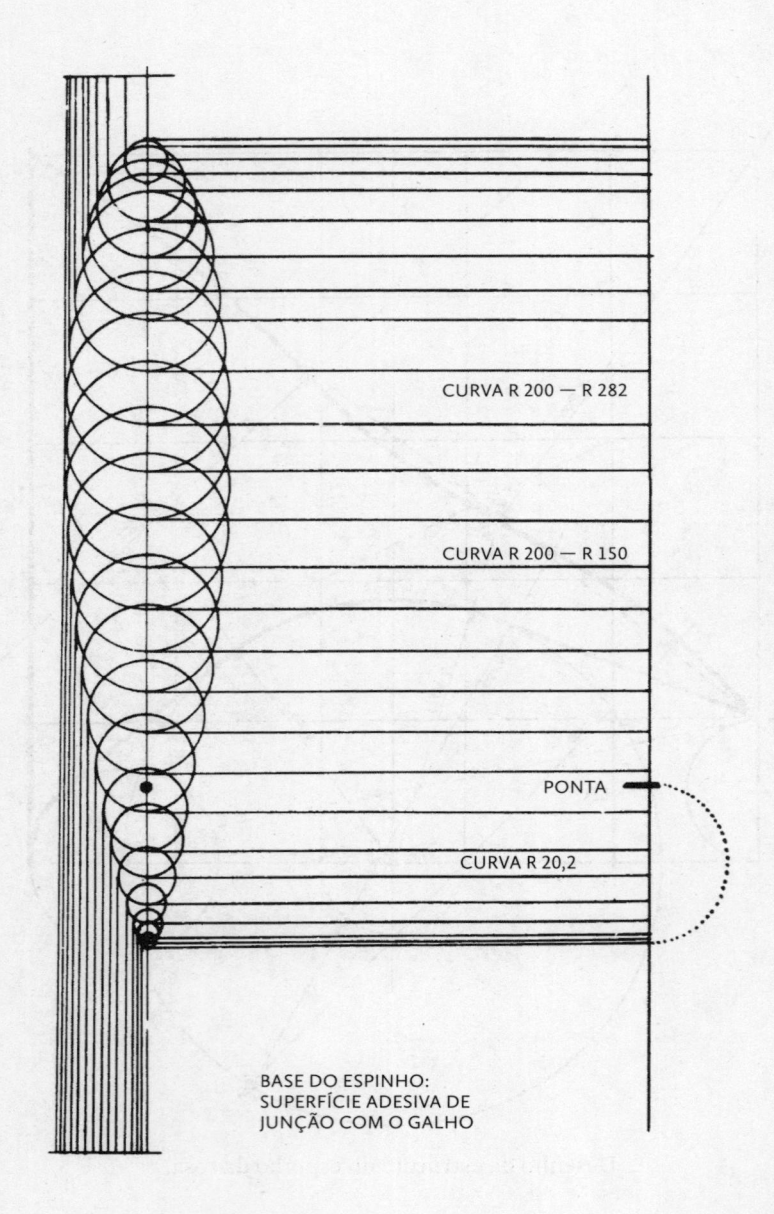

CURVA R 200 — R 150

PONTA

CURVA R 20,2

BASE DO ESPINHO:
SUPERFÍCIE ADESIVA DE
JUNÇÃO COM O GALHO

Um exemplo desse tipo de objeto é a rosa.

Produzido em larga escala (uma produção caótica e desordenada, na qual a economia produtiva nunca é levada em consideração), ele é formalmente coerente e agradavelmente colorido. Vem em várias cores, todas quentes, com os canais de distribuição da linfa bem calculados e distribuídos com precisão — nas partes do objeto que não ficam expostas ao olhar, essa precisão é até exagerada. As pétalas apresentam curvas elegantes (que lembram o design do carro esportivo Pininfarina, enquanto o cálice lembra os vasos Venini, de 1935). As folhas dentadas com nervuras visíveis exibem bom gosto, embora dispostas de forma assimétrica. Essas características não são suficientes para justificá-lo como objeto de grande popularidade.

Como pode um consumidor que nem sabe direito o que quer apreciar um objeto como esse? E qual a razão desses espinhos? Talvez eles sirvam para criar certo suspense, ou para criar um contraste entre a delicadeza do perfume e a agressividade das garras vegetais? Se é isso mesmo, trata-se de um contraste tosco, e certamente terá pouco apelo para a classe de consumidores que busca preços baixos e ofertas.

É, portanto, um objeto absolutamente inútil. Um objeto que serve apenas para ser olhado ou, no máximo, cheirado (embora, ao que parece, já haja no mercado até mesmo rosas sem perfume). É um objeto não justificado, um objeto que leva o trabalhador a pensamentos fúteis. Em última análise, é um objeto até mesmo imoral.

Uma escultura para viajar

Para muitos, o que é um carro senão uma bela escultura para viagem? Algo para se levar às ruas mais elegantes da cidade, para ser exibido, sempre que possível (quando estacionado), na frente de um restaurante da moda ou no melhor ponto da rua principal. É uma escultura na qual se pode entrar, embora desconfortavelmente em certos casos, equipada com um bom motor, sonoro e potente. O único objetivo envolvido é transportá-la sem esforço de uma exposição a outra. É algo que se pode mostrar aos amigos, para garantir o tal prestígio tão valorizado nos dias atuais.

Há vários tipos de escultura como essa. Há aquele tipo clássico, que nunca esteve na moda e nunca sairá de moda. É preto e prateado, um tanto quanto fúnebre, mas muitovalorizado, por ser caro. Esculturas assim ficam em exibição por pouquíssimos segundos diante dos principais teatros da cidade. Nunca são conduzidas pelo dono, mas, sim, por um homem de classe inferior, vestido com uma roupa especial, de forma a não ser confundido com o proprietário, que desce lentamente da sua escultura e, após três passos, desaparece em meio a luzes ofuscantes. Há também as esculturas agressivas, com formas que lembram os músculos de um halterofilista: lisas, planas, apenas com as curvas dos nervos à mostra e cortes definidos. A regra é que sejam sempre vermelhas. A estrutura avantajada talvez vá um pouco mais além do que a prevista pela natureza, mas é apenas um efeito óptico criado pela fantástica habilidade de algum famoso "gênio do estilo" especializado em criar miniaturas de carrocerias de carro.

Estes são os dois extremos: o carro VIP e o carro esportivo. Eles correspondem, evidentemente, a necessidades sociais, caso contrário, não seriam fabricados nem vendidos. Enquanto a sociedade for regida por certos preconceitos, eles continuarão em circulação.

Entre esses dois extremos há uma infinidade mais ou menos anônima de carros que seguem as sucessivas tendências da moda enquanto tentam apresentar algum diferencial. Aqui e ali encontramos alguns designers que buscam desenvolver um bom projeto de carroceria lógica e funcional. Por exemplo, eles pensam em bobagens do tipo: estabelecer uma altura padrão para os para-choques, pesquisar um bom sistema de ventilação com algum especialista em circulação de ar, elaborar projetos de bancos arejados e realmente confortáveis, considerar a possibilidade de fazer um olho mágico na parte de trás do carro para que o motorista estacione o veículo com mais facilidade, tentar resolver o problema das luzes que atrapalham a visão de quem dirige, utilizar apenas cores que garantam a visibilidade na névoa na hora do crepúsculo etc. Mas todo esse esforço é vão.

Permanece a questão do gosto, da estética e outros critérios subjetivos que tiram um bom projeto dos trilhos.

De duas uma: ou aplicamos a estética a tudo ou a desconsideramos por completo. Por que a "linha" de um para-lama é criticada enquanto ninguém critica a banda de rodagem de um pneu? Você já se recusou a comprar um pneu por ele não "combinar" com o seu casaco? Não, porque o carro é metade carro e metade sala de estar. Já ouviu como os especialistas em estilo falam? Ouça: "Conferir ao interior um caráter mais íntimo... Um modelo inspirador... Uma linda harmonia de cores... Uma linha nova e arrojada... Uma interpretação muito pessoal... Uma joia... etc. etc." Você não tem a impressão de que está na costureira? "Mas então sobre o que eles deveriam falar?", você pode me perguntar. Eles deveriam estar discutindo soluções objetivas para problemas reais, independentemente de qualquer consideração pessoal sobre estética, sobre gosto, sobre a arte de modelar as formas. Os projetos por eles desenvolvidos deveriam se basear em dados estatísticos e testes de laboratório, no incessante estudo da forma, da função e do custo.

Quer uma prova de que a criação de hoje não é aquela que deveria ser? Bom, você já deve ter visto lojas com uma infinidade de acessórios para carros. Entre todas as futilidades à venda, está um utensílio de palha, de vime, de plástico ou do que quer que seja, de cores variadas, para corrigir a falta de conforto e a ventilação dos bancos. Isso quer dizer que os bancos de hoje são desconfortáveis. Existe um aparelho mais ou menos complexo que serve para condicionar o ar dentro do automóvel. Isso quer dizer que esse problema não foi resolvido. Há também um complemento para os para-choques porque eles são altos demais ou frágeis demais... A lista poderia continuar.

Porém, o modelo do carro é bonito, arrojado, elegante. E a cor é muito diferente.

Casas elegantes com acabamentos de luxo

"O riso é a manifestação externa de um equilíbrio interior, enquanto uma fisionomia sombria é sinal de melancolia no espírito." (Zen)

Não há condomínio recém-inaugurado que não exiba um anúncio como este: "Vendem-se (ou alugam-se) apartamentos elegantes com acabamentos de luxo." Não é a comodidade, o conforto, a conveniência de um apartamento que atrai o público, mas o luxo. Os italianos, em particular, têm obsessão por luxo.

O que luxo significa para a grande maioria das pessoas que compra ou aluga casas? Geralmente elas confundem valor com preço: coisas que custam mais são mais luxuosas. Para alguém acostumado a usar um penico de ferro esmaltado, um penico de ouro é luxo. Um exemplo desse modo de pensar é o famoso telefone de ouro dado de presente ao papa. Ele tinha a forma de um telefone convencional, do tipo que se encontra em qualquer lugar, mas era de ouro, com o brasão papal gravado em ouro, com os símbolos dos Evangelhos em ouro, ouro nas Chaves do Reino de Deus e no monograma de Cristo. Ouro.

E como é a Casa Elegante com Acabamentos de Luxo? Antes de mais nada, ela é revestida de mármore. Mármore por toda parte, mesmo onde não é preciso, mesmo onde se custa muito conservá-lo com brilho (porque o mármore deve ter brilho, muito brilho, deve refletir o lustre de cristal), como na entrada, onde fica em contato com o asfalto da rua. Nesse caso, porém, ele é coberto por um tapete vermelho, que, no entanto, logo vai ficando sujo, e então é coberto por um plástico, e entra-se em casa caminhando sobre o plástico, mas embaixo há um material branco que cobre o tapete vermelho que, por sua vez, cobre o mármore. E todos sabem que o mármore que está lá embaixo é muito brilhante.

Há também os lustres de cristal, mesmo na portaria. É uma portaria de luxo com cheiro de repolho e fritura (porque a qualidade do ar e a ventilação não são tão importantes quanto o luxo). As paredes dos apartamentos são pintadas com cores inconcebíveis ou revestidas de papéis de parede caríssimos. Nas salas de estar, guarnecidas com tapetes de preços astronômicos e poltronas de veludo vermelho, a conversa é interrompida diversas vezes pelo jato de água da descarga do banheiro (porque o isolamento acústico não é tão importante quanto o luxo da tapeçaria). As janelas são, claro, janelas enormes com vista panorâmica, e o panorama que se vê são as janelas panorâmicas dos outros apartamentos elegantes em frente. O sol entra com violência pelas janelas, bate no mármore brilhante e atinge a retina com força. É preciso dizer, no entanto, que com cortinas laváveis cor de creme e cortinas não laváveis opacas de veludo esses efeitos de luz são atenuados.

O que torna uma casa elegante não é o mármore, não são os lustres de cristal, as janelas panorâmicas ou os objetos caríssimos. Se o morador for elegante, a casa será elegante, discreta, silenciosa, acolhedora, confortável, sem necessidade de ostentação. Todos nós já vimos aquelas casas antigas de agricultores, decoradas com simplicidade e elegância, com respeito aos valores arquitetônicos e o conforto necessário. Mas o que mais se veem são essas Casas Elegantes com Acabamentos de Luxo ocupadas de qualquer jeito, com decoração no estilo arábico-bergamasco, repletas de móveis barrocos (como se no passado não tivesse havido nenhum outro estilo), com cômodos desproporcionais e cores destoantes e agressivas. Essas casas são aculturais, construídas por construtores sem cultura para moradores sem cultura.

Quando o dinheiro é posto antes da cultura, assistimos ao espetáculo do telefone de ouro. E quando falo de cultura, não me refiro ao conhecimento acadêmico, refiro-me a informação, informação sobre tudo o que está acontecendo no mundo, sobre as coisas que tornam a vida interessante.

A autoridade hoje

Parece-me interessante analisar o que se entende hoje por autoridade e como a autoridade será vista no futuro. Essa análise pode também nos levar a uma reflexão sobre a produção desenvolvida hoje para um tipo de autoridade que está em processo de extinção.

Esse tipo de autoridade que está desaparecendo é aquela que nós poderíamos definir como falsa autoridade, ou seja, a autoridade imposta, não aquela reconhecida pelas pessoas.

Desde a Antiguidade, a autoridade era imposta por meio de símbolos mágicos. O feiticeiro da tribo, trajado de modo estranho, usava penas, pelos e dentes de animais ferozes e raros. Desde aquela época, os escravos, ou seja, todas as pessoas obrigadas a executar certos trabalhos para não morrer (ainda hoje existem escravos), são mantidos sob a sombra do poder. Esse poder se manifesta de várias formas, conforme o nível cultural dos indivíduos subjugados. A classe dominante mostra a sua autoridade por meio de símbolos diversos, que podem ser o manto de pelo de arminho de Napoleão ou a escrivaninha do Chefe de uma Grande Empresa Moderna. Em todo caso, trata-se de materiais preciosos: pelos, tapetes raros, damascos, objetos de ouro, espelhos de arte caríssimos. As penas e os dentes de animais do feiticeiro da tribo mudaram de forma, mas na essência a lógica é a mesma: assustar os ignorantes, infundir neles um complexo de inferioridade ("eles jamais poderão possuir o que eu possuo").

Mas à medida que a sociedade avança, que o analfabetismo diminui, que as pessoas tomam consciência da própria condição, a mensagem transmitida muda. Em vez de transmitir uma mensagem de autoridade, transmite-se uma mensagem de falta de autoridade verdadeira. De fato, as pessoas já entenderam que na cadeira do presidente de uma grande empresa pode estar sentado um qualquer, sem autoridade real.

Autoridade como acúmulo de símbolos.

Exemplo de contraste entre a decoração pomposa e os assentos miseráveis dos pobres pecadores.

Mao Tsé-Tung vestido como todas as outras pessoas.

As pessoas estão cansadas das falsas autoridades, os estudantes não querem mais falsos professores, o próprio título de graduação é rejeitado como falso documento. Nem mesmo a cátedra (símbolo da autoridade do professor) os estudantes querem mais. Eles querem uma pessoa verdadeiramente competente, disposta a colaborar com eles para resolver seus problemas, que são os problemas da sociedade atual.

O filósofo Giancarlo Lunati, em seu livro *Elogio dell'ottimismo* [Elogio ao otimismo] (Editora Comunità, 1970), diz que assim como acabou a era das construções metafísicas (filosofia), está prestes a acabar a era da política. Os políticos de hoje, deputados, senadores, funcionários, congressistas, são os últimos dinossauros de uma época que está para se encerrar.

O senhor Bertrand Russell sentado no chão, em Londres, entre pessoas comuns, para protestar contra a bomba de hidrogênio. O fato de não estar sentado em uma cadeira elegante não compromete em nada a autoridade desse cientista; ao contrário, pode se dizer que sua autoridade, nesse caso, aumenta. (Foto: Arquivo Mondadori)

Antecâmara do Escritório Particular do Grande Oficial dos Comendadores, Presidente da Associação dos Chefes de Governo, Conde, Barão, Marquês Honorário, Príncipe do Petróleo, Rei da Máfia, Medalhão do Presidente do Iate Clube, Soldado de Honra da Associação Operária Alpinos da Reserva.

Um exemplo de autoridade verdadeira é a do homem da ciência. De fato, a confirmação do seu valor vem dos resultados verificáveis da sua atuação, não da astúcia ou de manobras políticas. Nenhum cientista foi eleito por meio do voto, tampouco nomeado por autoridade.

Essa é a verdadeira autoridade de hoje. E no futuro (eu espero), ela será cada vez mais reconhecida. Os grandes meios de difusão da cultura ajudam as pessoas a formar uma consciência de mundo, não mais uma consciência apenas local. Os verdadeiros valores têm fundamentos objetivos válidos em qualquer lugar. Até mesmo o operário menos culto entende quando tem diante de si uma pessoa competente no seu trabalho, e já consegue distinguir a verdadeira autoridade da falsa autoridade do neto do industrial despreparado e arrogante, indicado para dirigir a empresa.

Sendo assim, a primeira conclusão desta investigação sobre a autoridade é que os símbolos da falsa autoridade, símbolos de prestígio, de riqueza e de luxo, terão de ser abandonados, justamente porque acabarão por mostrar a presença dessas falsas autoridades. O Diretor da Indústria que tiver um Escritório forrado de couro de crocodilo com uma escrivaninha de ébano e marfim (eu sei, por sorte não existe nada desse tipo) irá denunciar aos seus funcionários toda a sua falsa autoridade. O senhor Albert Einstein, por sua vez, podia dar-se ao "luxo" de aparecer vestido com um casaco de lã com furos no cotovelo.

Os talheres

Creio que seja útil informar aos jovens casais que estão montando sua primeira casa como um faqueiro completo deve ser, para que eles não passem vergonha quando receberem a visita da condessa.

Uma pesquisa feita por mim junto aos principais fabricantes de talheres revelou que há hoje um tipo específico de talher para cada uso, que cada operação e cada item de uma refeição exigem um talher próprio (como os já tradicionais talheres para peixe) e que não se deve de forma alguma usar em um alimento os talheres destinados a outro. Há, por exemplo, diversos tipos de faca para carnes, desde aquelas normais até as com o fio de corte serrilhado (bem diferentes entre si), passando por aquelas com o fio de corte ondulado, afiado na parte côncava mas não na parte que toca o prato — deste modo, não se danifica o prato e a faca permanece afiada.

Há talheres para *fondue* e outros para lagosta. Existe uma faquinha para descascar laranjas que possui um serrilhado com um dente grande e saliente, que faz sulcos na casca sem perfurar os gomos. Com a parte serrilhada, são extraídas as tiras da casca.

Existe uma faquinha de patê e existe uma faca para ser usada em bares, com um dente para abrir garrafas, uma parte serrilhada para descascar frutas e três dentes na ponta para pegar a fatia do limão e colocá-la no copo.

Existe também uma faca com a qual se fazem tiras da casca do limão para pôr no chá. Como todos sabem, não é o suco da polpa de limão que dá sabor ao chá, mas o líquido contido em todos aqueles poros que formam a casca. Pois bem, essa faca tem uma lâmina que rompe esses poros e extrai todo o sabor.

Existe uma faca para tomates, larga, redonda e serrilhada. Ao cortar o tomate, a fatia se acomoda sobre a superfície da lâmina e pode ser colocada no prato sem que seja necessário tocar nela com os dedos sujos de outra preparação.

Sabe-se que, na cozinha, não podem faltar descascadores de frutas e verduras. Há toda uma série de pequenas facas para os usos mais variados. Usos para os quais outros instrumentos ainda não foram desenvolvidos. Nenhuma cozinha italiana pode ser desprovida de uma faca para massas, que corta os *tagliatelle* e os *maltagliati*, ou daquela pequena roda com cabo, em formato de zigue-zague, que corre sobre a massa cortando-a como se fosse um molde de roupa para costura. A faca de pão, a faca curva para esculpir a manteiga, a espátula de bolo, o pequeno punhal para abrir ostras, aquele outro tipo de faquinha curta e larga para seccionar o ovo, para cortar lascas de parmesão — só de pensar me dá água na boca.

Lembremo-nos também da faca para limpar cogumelos e da faca para descascar batatas, com lâmina de espessura regulável. Para os aspargos, há uma faca e um pegador para comê-los. Há também o pegador de *escargots*, com o garfinho.

E para os outros queijos? Há a faca genérica universal, com lâmina larga, para servir as porções. Há uma faca mais curta, cujo cabo é posicionado 2 centímetros acima da lâmina, usada para queijos macios. Uma faca com duas lâminas reguláveis, para fatiar o queijo Emmental. Alguns queijos macios pedem uma espátula, enquanto a muçarela exige uma faca larga e arredondada. Já para o gorgonzola, é necessária uma faca de largura moderada. E não nos esqueçamos da faquinha curta e larga, com a ponta redonda, muito engraçada e bonitinha, para espalhar manteiga no pão. Aliás, para fatiar o pão macio, usa-se uma faca de serra, para não desmanchá-lo. Para queijos semiduros, uma faca média, com a ponta a 90 graus e três dentes na ponta: com ela, o queijo é cortado e oferecido às visitas. Uma faca similar é usada para queijos não tão semiduros, mas ela apresenta três pontas em forma de flecha, para evitar que o queijo escorregue e caia no chão.

As donas de casa do norte da Itália costumam usar uma faca de madeira para polenta, muitas vezes com o cabo em forma de espiga. A faca é rústica, combina com o ambiente, mas quando as donas de casa servem a polenta com ela, todos os convidados explodem em manifestações de surpresa, como se dissessem: "Que ousadia a dela!" Mas seu coração está tranquilo. A madeira e a forma de espiga são muito apropriadas para a polenta, e, após algum tempo, quando todos entendem isso, a dona de casa sorri satisfeita, ainda mais pelo fato de que a polenta que ela cozinhou está excelente.

Essa lista de talheres indispensáveis está naturalmente incompleta. Eu deixei de fora todas as colheres, desde as de servir até as de sorvete; das colheres curvas às anguladas; das colheres infantis às especiais para morangos. Eu deixei de fora as conchas, as peneiras, os abridores de lata, os saca-rolhas, o garfo que é também uma colher e o garfo que corta. Eu realmente esqueci de mencionar o pegador de macarrão, o pegador de açúcar em cubos, o pegador de gelo, o quebra-nozes, o quebra-avelãs, o quebra-amêndoas. Também negligenciei o garfo especial para alcaparras e o para azeitonas, a colher em formato de tubo para ossobuco, a espátula para omelete, a tesoura para cortar frango. E ainda deixei de incluir o pegador de rãs e a escumadeira para as flores de abóbora fritas.

Se essa lista de talheres (parcial e incompleta) o deixou atordoado, pensando em como é possível pagar por tudo isso e qual seria o tamanho do móvel que guardaria tantas coisas, se você ficou na dúvida sobre qual material escolher (está claro que todos esses talheres podem ser de prata, aço, cerâmica, marfim, pata de animal, acrílico, isopor etc., e podem ser de estilo moderno, mais moderno, mais moderno ainda, antigo, mais antigo, muito antigo, sério ou engraçado, discreto ou chamativo, suntuoso, antiquado, enfim, de todos os tipos, para todos os gostos), você pode sempre buscar um substituto. O que sugiro é um substituto original, e devo confessar que se trata de um último recurso: são os talheres japoneses. Eles não causam complexo de inferioridade, não precisam ser lavados, pois são descartados logo após o uso, não precisam ser sequer guardados, portanto não causam nenhuma preocupação com relação aos furtos de prataria, e custam pouco. Milhões de pessoas os utilizam há milhares de anos. Eles são comprados em grandes lojas, em pacotes de cem unidades, são feitos de madeira natural, medem 24 centímetros e são como dois palitos de dente grandes. São bastante fáceis de usar, a comida é cortada no momento do preparo, de um tamanho que cabe na boca e fim.

Eles são usados por milhões de pessoas há milhares de anos. Mas não por nós. Não, simples demais.

E não são todas

Ao longo dos anos, arquitetos e designers do mundo inteiro já criaram milhares de modelos de cadeiras e poltronas, todas diferentes entre si e todas inventivas. Eu mesmo já criei duas ou três. No entanto, parece que o problema ainda não foi completamente resolvido, uma vez que arquitetos e designers continuam a fazer projetos de cadeiras e poltronas, como se os esforços despendidos até hoje estivessem equivocados.

Uma pesquisa muito criteriosa sobre as preferências do público com relação a cadeiras revelou que elas devem ser: confortáveis, suntuosas, luxuosas e rústicas, extravagantes, estritamente técnicas e funcionais, largas, estreitas, altas, baixas, macias e duras, elásticas, elegantes, rígidas, compactas, chamativas, baratas, de preço justo, evidentemente caríssimas (por motivos sociais), feitas com apenas um material ou com mais materiais, com materiais nobres, naturais, refinados e simples.

Aí está. Cadeiras são feitas para serem usadas dentro e fora de casa, na sala de estar, no escritório, na sala de espera do médico ou na estação de trem, no salão de jogos, no jardim, na sala de jantar, na praia, na montanha (uma ampla variedade), e podem ser muito baixas com o encosto muito alto, muito altas sem encosto algum (para o bar), para lojas, para o ônibus, para a igreja, para o acampamento.

Há a cadeira da vovó, a da titia, a dos três ursos do conto "Cachinhos Dourados"; há as cadeiras provisórias, como as do aeroporto, e as permanentes, como as do Jockey Club.

Elas podem ser feitas de madeira entalhada, madeira sinuosa, madeira prensada, madeira compensada; elas podem ser encaixadas, aparafusadas, pregadas ou coladas; e podem ser lixadas, jateadas, pintadas, envernizadas, opacas, semiopacas ou enceradas. E tudo isso vale para todos os tipos de madeira, do álamo ao ébano.

Podem ser feitas, ainda, de ferro ou aço soldado, dobrado, polido, esmaltado, cromado, niquelado, prensado, emborrachado, magnetizado, banhado em latão ou cobre. Perfilado, tubular, quadrado, retangular, em U, em T, em E, em WXZ.

Podem também ser feitas de alumínio — anodizado, colorido, natural, jateado, prensado, torneado, em chapas polidas ou perfuradas, revestido, plastificado, tratado com anilina, fundido. Há também o latão, o ferro fundido, o junco, o vime, o chifre de veado, o marfim.

Com todos esses materiais, um bom designer pode fazer uma cadeira ou uma poltrona desmontável, dobrável, giratória, fixa, de rodas, conversível, regulável, inclinável, de balanço, multiuso. Revestida de tecido, de pelo, de couro natural ou colorido, de vinil, de Lax e de Tex, de veludo, de suede, de algodão, de palha, de travertino, de náilon, de orlon, de filon, de cordón, de burlon.

Meu telefone tocou há pouco. Era o editor de uma revista de decoração querendo o projeto de uma cadeira nova para publicar no próximo número.

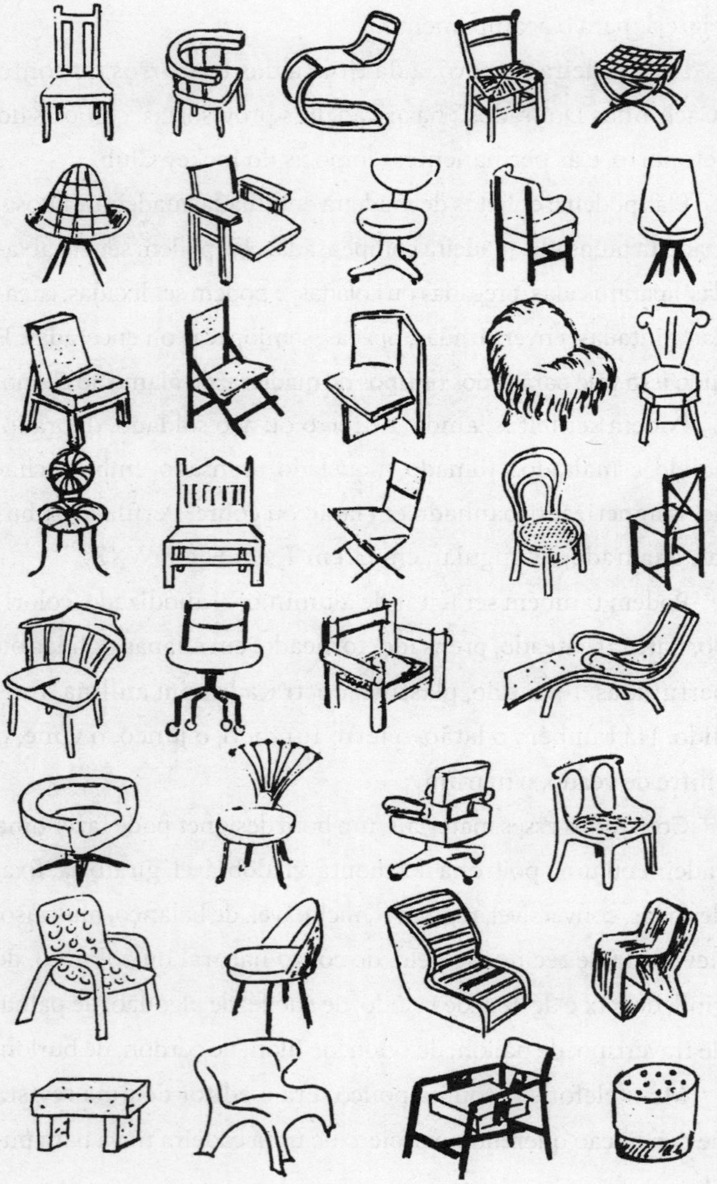

177

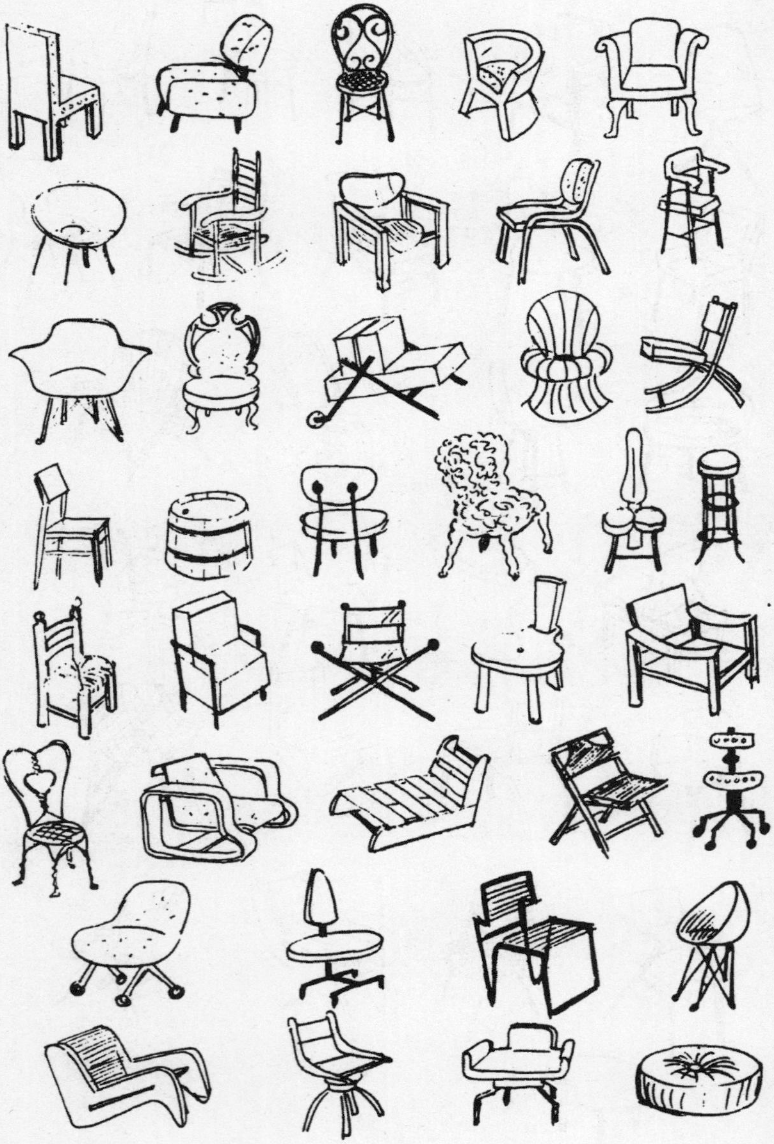

179

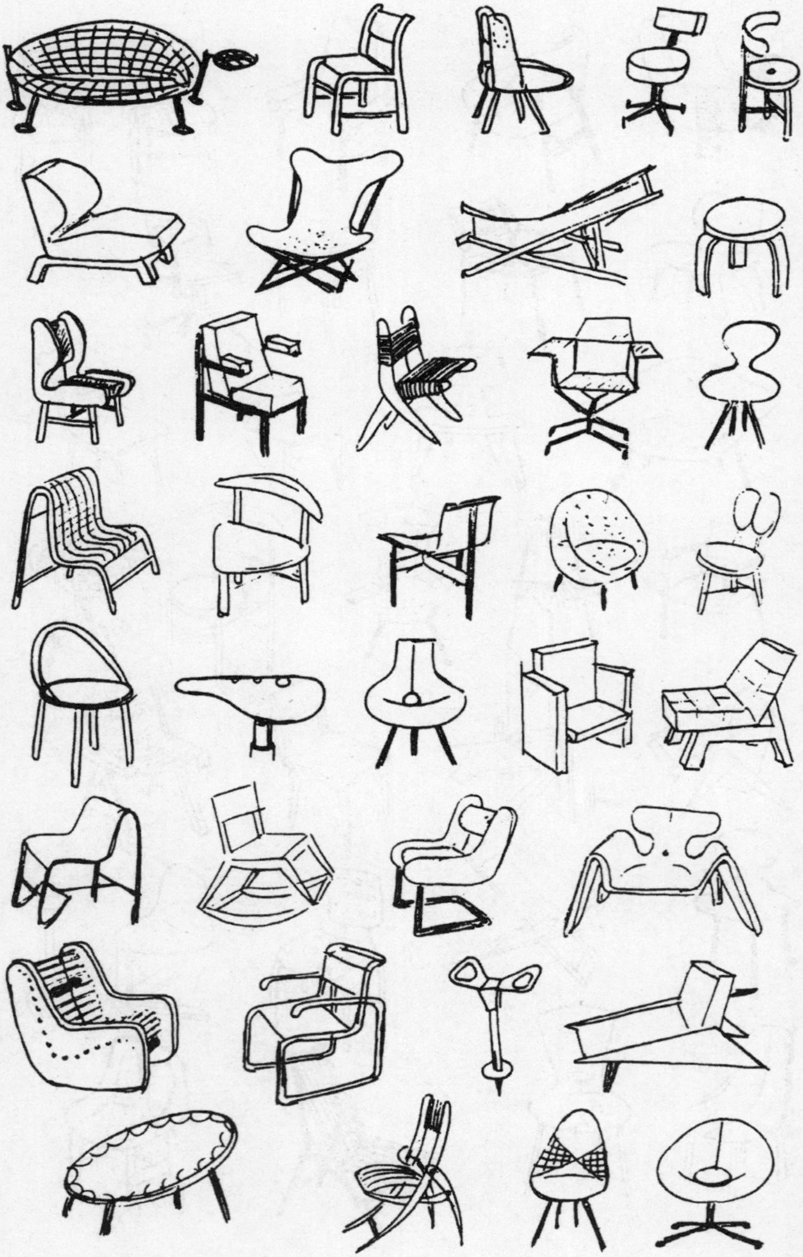

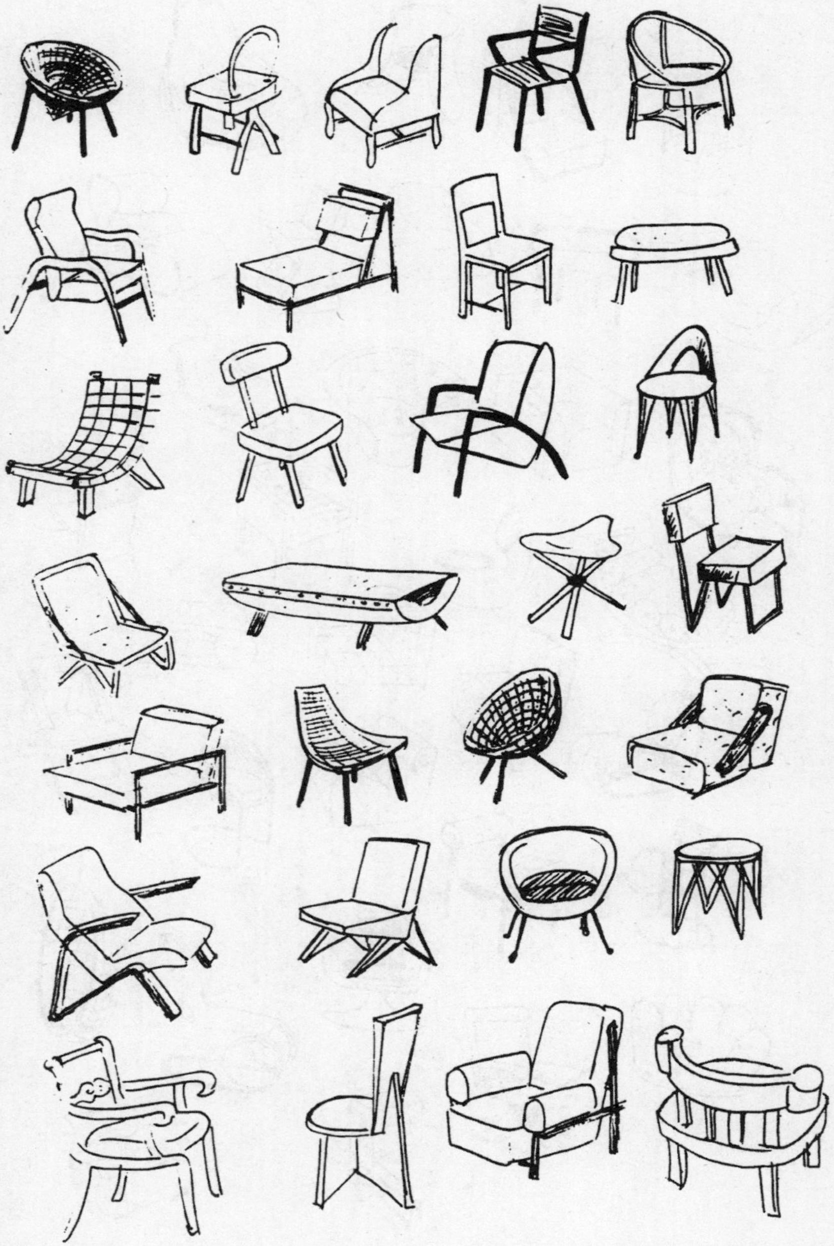

182

183

"Estamos caminhando em direção a formas que, uma vez alcançadas, permanecerão inalteradas e inalteráveis para sempre."
(Pier Luigi Nervi)

Presentes criativos

"Você tem sempre tantas ideias. Por que não me dá uma sugestão de presente de Natal? Mas que não seja uma coisa comum, que encontramos nas lojas de sempre." O que eu deveria fazer? Antes de mais nada, eu precisava entender o que minha amiga queria dizer por "coisa comum". Então, fui dar uma volta pelas lojas de presentes criativos, para descobrir o que eles vendiam. Eu vi uma bota de latão, com 52 centímetros (aproximadamente). "Levarei um par, por favor." "Temos apenas uma bota, senhor." "Como assim? O que farei eu com apenas uma bota?" "Não se trata de uma bota para ser usada no pé, é um porta-guarda-chuva", disse a vendedora sorrindo pacientemente, como se faz com os loucos. Eu fico sem graça por conta da minha gafe e saio da loja imediatamente, quase tropeçando em um gato de mármore decorado com flores, que funciona como peso de porta. Agora, sim, estou começando a entender.

Do lado de fora da loja, ainda decidindo meu destino, avisto por acaso uma panela de cobre pendurada na parede. Não é para ser usada como panela, naturalmente, porque nela há dois ponteiros de relógio e uma sequência de números de 1 a 12. Então é um relógio. Ele tem forma de panela pois é um relógio de cozinha. Realmente. E como seria um relógio para o banheiro?

É uma tarde fresca e as vitrines, muito claras, iluminam a rua. Ali está um par de escovas em forma de gato, unidas pela lateral por um ímã. Um cinzeiro em forma de mão de mulher; um ferro de passar roupa daqueles antigos, a carvão, mas este é feito de louça e serve para guardar chocolates. E aqui há uma tábua para cortar salame com formato de porco. Um saca-rolhas em forma de rabo de porco cujo cabo é um porco feito de latão. Um peniquinho para crianças em forma de patinho (parece que as crianças adoram fazer as necessidades em patinhos). Uma luminária em forma de maço de flores, uma luminária em forma de cacho de uvas. Um cachimbo em forma de sapato, em forma de cabeça de touro, em forma de revólver, em forma de espiga de milho, em forma de... Um cofrinho em forma de pera, de maçã, de sapato. Uma garrafa em forma de chalé, um chalé em forma de garrafa. Um cinzeiro em forma de casinha com chaminé (quando o cigarro é posto na porta de entrada, sai fumaça pela chaminé).

Um porta-retratos em forma de relógio de bolso, tesouras em forma de flamingo. Um saleiro em forma de carrinho de mão acompanhado de uma colher em forma de pá. Um prato para peixe em forma de peixe, um prato para *zampone* em forma de pé de porco, uma terrina para sopa de tomate em forma de sopa. Um martelo em forma de peixe, um peixe em forma de martelo, uma queijeira em forma de galinha, um balde para gelo em forma de bola de futebol.

Uma fruteira em forma de folha, um velho berço de madeira para ser usado como porta-revistas.

Esses objetos certamente não foram criados por designers, pois designers não têm uma imaginação tão fértil assim, eles limitam-se a fazer um candelabro em forma de candelabro. Mas veja só, o que temos aqui? Um antigo fuzil com uma fileira de ganchos no cano, para ser pendurado na parede e usado como cabideiro. Ou uma chave enorme com ganchos menores, para servir de porta-chaves. Um isqueiro em forma de revólver, um revólver em forma de isqueiro. Um guarda-chuva em forma de pagode asiático, uma lâmpada de mesa feita com um clarinete (ou com um trompete) e um abajur feito com partitura (basta escolher: *O barbeiro de Sevilha* ou *A flauta mágica*). Duas graciosas pantufas em forma de coelhinho, um copo para cerveja em forma de bota. Um chapéu de tirolês feito de bronze, pequenino, para ser usado como peso de papel. Um solidéu que é uma cigarreira, um chapéu de bispo que é uma caixa de charutos. Um abridor de cartas em forma de espada, um barômetro em forma de timão, um relógio também em forma de timão, um mata-borrão em forma de rolo compressor, uma cigarreira de ferro forjado em forma de carro velho, um armário de bebidas em forma de cofre. Uma couraça de ferro que na realidade é uma geladeira, um cinzeiro com a forma de uma espada de esgrima fincada no chão. Um livro-garrafa, uma estátua-garrafa, uma espiga de milho-garrafa, uma garrafa porta-velas, um navio na garrafa, até mesmo um vinho engarrafado (um pouco de vinho em um livro, um pouco de vinho em uma estátua, um pouco de vinho em uma espiga de milho), uma garrafa de licor com um raminho de arruda dentro. Um grande pregador de roupa, de mogno ou latão, para ser usado como clipe de papel. Uma pedra feita de borracha que é um peso de papel de telegrama. Uma enorme casca de noz como porta-noz. Um enorme mexilhão como porta-mexilhão, uma enorme colher para levar à mesa as colherinhas de café, uma pequena urna funerária, de mármore, para ser usada como cinzeiro.

A esta altura, minha cabeça já está rodando, não sei mais se aquilo que vejo é o que é, não sei se jogo as cinzas do cigarro na mão de alguém ou se enrosco a lâmpada na sopeira. O que raios devo dizer à minha amiga que me pediu uma sugestão de presente? Se chegamos a este ponto no Natal, onde estaremos no carnaval?

De uma forma ou de outra, eu certamente direi: "Vamos comprar um cachimbo que seja um cachimbo, acendê-lo com um fósforo que pareça um fósforo, pegar um tabaco que seja tabaco e vamos colocá-lo no cachimbo-cachimbo. E isso enquanto tomamos café em uma xícara que pareça uma xícara, em uma mesa-mesa próxima a uma poltrona-poltrona, lendo um bom livro-livro."

Minha amiga fica ofendida, entra em seu Fiat com carroceria de Cadillac e vai embora, roncando o motor como uma Ferrari.

Pesquisa de design

Íris

Na primavera, as íris (*Iris germanica* para os iniciados e flor-de-lis para os leigos) começam a nascer, ainda envoltas em uma espécie de papel de seda, antes de abrir suas pétalas, cor de violeta, com um pergaminho amarelo no meio. Esta é a hora certa de colher uma dessas flores e levá-la para casa.

Pegue uma lâmina de barbear e corte-a ao meio (ver ilustração): você verá como todas as partes já estão organizadas antes de a flor se abrir. Não há desordem, cada uma das partes está no lugar exato em que deve estar e já estão coloridas.

Essa é uma forma de entender a natureza: observar as formas naturais durante o processo de transformação, seguindo seus ciclos evolutivos. Desde seu nascimento até o momento em que dá seus últimos frutos, a planta nos oferece uma série de informações sobre o porquê de certas formas e certas disposições.

É muito interessante observar a nervura das folhas, a disposição dos canais principais e dos canais menores, distinguir as duas redes. E também acompanhar o desenvolvimento das pinhas, do momento em que brotam ao momento em que se abrem. É fascinante acompanhar o crescimento de qualquer planta e observar como a forma vai progressivamente mudando.

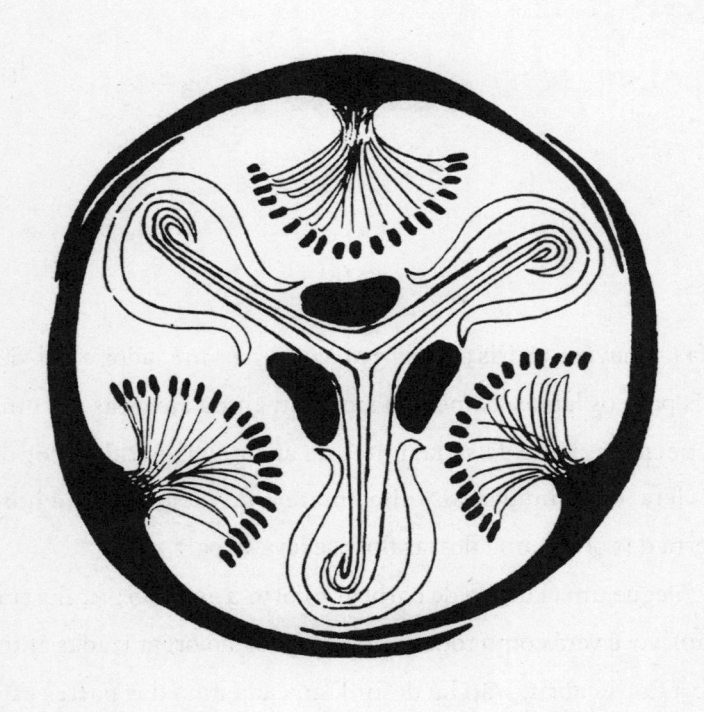

"Copiar a natureza" é uma coisa e compreender a natureza é outra. Copiar a natureza pode ser simplesmente uma forma de habilidade manual, que não contribui para o nosso entendimento, por nos mostrar as coisas como estamos acostumados a vê-las. Estudar as estruturas e observar a evolução das formas, por outro lado, podem nos dar a oportunidade de entender mais profundamente o mundo no qual vivemos.

Crescimento e explosão

Os segredos de qualquer ofício realizado com seriedade envolvem mais do que uma série de regras e métodos de trabalho baseados na lógica e na experiência, aplicados de modo a se chegar ao melhor resultado possível com o mínimo esforço. Eles envolvem também um processo contínuo de observações, reflexões e considerações que vão se desenvolvendo, mesmo que, no início, pareçam sem lógica.

Viajando um dia por uma rodovia, eu me deparei com um arbusto, um grande arbusto no meio do campo, que desencadeou em mim uma série de considerações. O futuro decidirá se essas considerações terão ou não utilidade. De todo modo, aqui estão elas: aquele grande arbusto no meio do campo parecia a explosão de uma bomba, flagrada no ponto máximo de expansão. Se eu tirasse uma foto levemente desfocada daquele arbusto e a mostrasse junto com a foto de uma explosão de granada, os dois fenômenos teriam a mesma forma. Poderíamos dizer que o fogo de artifício não passa de uma árvore, ou uma grande flor artificial, que cresce, se desenvolve, floresce e morre, em poucos segundos. No fim, ele arrefece e cai em fragmentos irreconhecíveis.

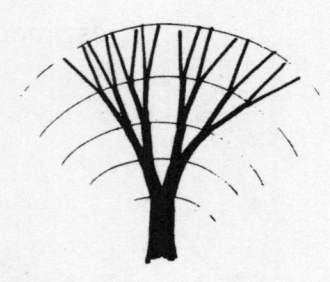

Esquema do crescimento de uma árvore convencional (desenhado de memória, a partir de um estudo de Leonardo da Vinci): cada arco representa um ano e a cada ano os galhos se bifurcam (teoricamente, por um número infinito de vezes, mas na prática isso ocorre de acordo com a dinâmica da natureza e as condições ambientais).

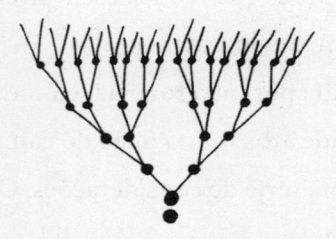

Esquema da reação atômica em cadeia. Considerada de forma abstrata, como esquema, é semelhante ao crescimento de uma árvore. A única diferença é o fator tempo: segundos, em vez de anos. Se a velocidade do tempo de explosão pudesse ser reduzida até que um milésimo de segundo equivalesse a um ano, talvez pudéssemos ver estranhas flores atômicas fluorescentes...

"Atente-se para as coisas antes que elas venham a existir."

(Tao Te Ching)

Pois bem, façamos com que esse fogo de artifício dure um mês, dilatando o fator tempo, mas deixando todo o resto como está. Como resultado, teremos uma flor com todas as características comuns às outras flores. Ou então, invertendo a ordem dos eventos, consideremos que uma semente de planta possa explodir como uma bomba. Veríamos uma árvore surgir em poucos minutos, assim como, ao acelerar o filme de um experimento gravado em vídeo, podemos assistir ao crescimento de uma flor. Essa árvore teria os galhos retos, na medida em que, em uma explosão, os fragmentos voam em linha reta, antes de descrever uma parábola. Na natureza, no entanto, como a explosão de crescimento de uma árvore ocorre muito lentamente, os galhos, em vez de ficarem retos, crescem tortos, devido a um sem-número de razões naturais: as condições climáticas, o fluxo da linfa, a direção do vento, entre outras. Há também pequenos fogos de artifício cuja trajetória de crescimento se parece com o tortuoso percurso da videira ou da oliveira.

O desenho de Leonardo (que fiz aqui de memória) revela o crescimento de uma árvore e a sucessiva bifurcação de seu tronco. A espessura dos galhos vai diminuindo progressivamente, até o conjunto atingir uma forma de globo, muito semelhante à forma da explosão atômica, o chamado cogumelo.

O processo de crescimento mostra a mesma progressão da reação em cadeia de uma bomba atômica: 2-4-8-16-32-64 etc.

A esta altura, cessam minhas considerações surgidas puramente da observação visual dos fatos. Pode acontecer, no entanto, de uma observação aparentemente ingênua desencadear pesquisas mais amplas. Ou, quem sabe, demonstrar uma simples coincidência entre uma imagem e outra.

Nos dias de hoje, porém, estamos habituados a decompor os elementos que formam as coisas. Nós conhecemos os efeitos da falta de gravidade, algo inconcebível até pouco tempo. Um homem flutuando no espaço, sem instrumentos de voo, isso todos nós já vimos. Já o tempo é um componente difícil de imaginar de outra forma que não aquela com a qual estamos acostumados. No entanto, nos últimos anos, algo tem acontecido, inclusive no âmbito da experiência humana.

Formas côncavo-convexas

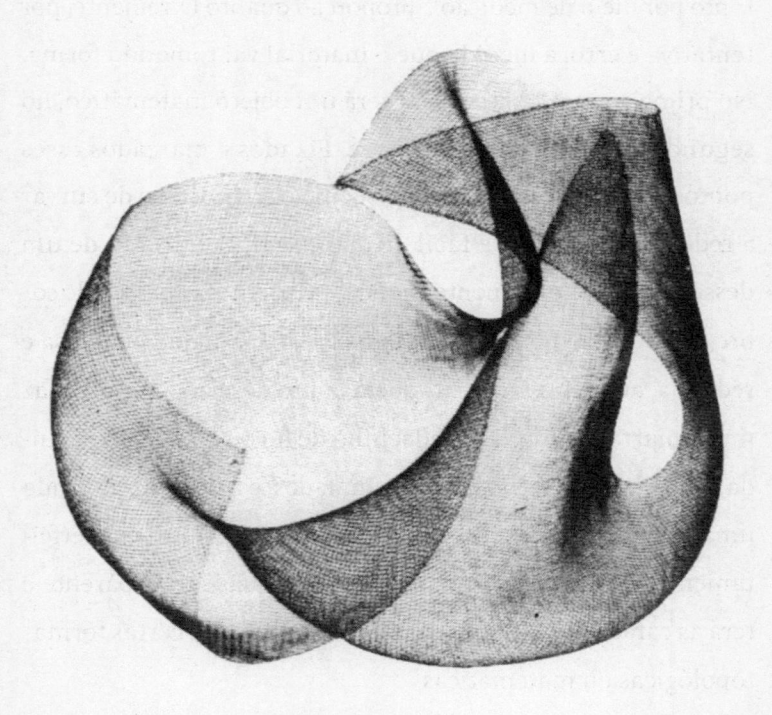

Essas formas plásticas são criadas a partir de um quadrado de rede metálica com 4 ou 5 milímetros de malha. O quadrado pode ter qualquer medida, depende da largura da rede metálica que se tem nas mãos. Ao cortar o quadrado, é preciso dar uma volta em todos os fios da parte em que o metal foi cortado. Com muita paciência e uma pinça, dobram-se os fios, um para cima, outro para baixo, e assim sucessivamente, de forma a evitar que o último fio, aquele paralelo ao corte, fique desfiado.

Em seguida, fixam-se alguns pontos na superfície do quadrado. Esses pontos podem ser determinados de vários modos, tanto por meio de medição e proporção quanto livremente, por tentativa e erro, à medida que o material vai tomando forma. No primeiro caso, o resultado será um objeto matemático, no segundo surgirá uma forma livre. Fixados e marcados esses pontos com um nó de corda, dá-se início ao processo de curvar a rede, que é elástica e fácil de manusear, na direção de um desses pontos. Lentamente e com cuidado, curva-se a rede sobre ela mesma, modelando-a com a mão, para que fique lisa e redonda, até que o ângulo toque o ponto desejado. Aqui, se faz uma amarração com um pedacinho de fio de metal. Em seguida, trabalham-se as outras extremidades, e assim vai surgindo uma forma plástica de uma malha de rede que antes era perfeitamente plana. Essa forma plástica será quase transparente e terá as características plásticas das conchas e de certas formas topológicas ou matemáticas.

Eu comecei a fazer essas formas em 1948 e as expus como objetos a serem pendurados no teto de estabelecimentos comerciais. A corrente de ar mais suave os fazia rodar, e, com a incidência de um feixe de luz, formava-se uma sombra cambiante sobre a parede, no teto ou mesmo em um canto do local. A sombra projetada se assemelha a um desenho tracejado, com um efeito que lembra as antigas impressões, mas, quando em movimento, adquire um lindo *efeito de moiré*, que se forma e se desfaz como uma nuvem.

Esses objetos provêm das minhas "máquinas inúteis" e são igualmente frágeis. Sendo assim, não são tão vendáveis quanto obras de arte de bronze, destinadas a permanecer por séculos nos museus.

Estruturas contínuas

Em 1961, eu expus pela primeira vez, em Milão, na Galeria Danese, as minhas "estruturas contínuas". Eram dez ou 12 objetos de tamanhos variáveis, entre 30 centímetros e 2 metros de largura, feitos de placas dobradas de alumínio anodizado natural, todos compostos por elementos modulares unidos por encaixe. Esses elementos básicos, encaixados em outras peças semelhantes a eles, conferiam às estruturas sua forma particular. Havia três tipos diferentes de elementos básicos. Cada tipo resultava em uma forma final diferente e cada objeto se apresentava como uma parte de um conjunto infinito de módulos.

Funciona assim nas estruturas naturais da matéria: as nervuras de uma folha ou os elementos geométricos de um mineral, um cristal de quartzo ou uma pirita cúbica. Da mesma maneira, esses elementos simples dão forma a objetos que podem ser considerados pertencentes a uma natureza inventada pelo homem, estruturada como são estruturadas as coisas naturais que conhecemos. São objetos que podem continuar sendo produzidos infinitamente, como ocorre, em teoria, com um mineral, que vai assumindo diferentes formas, mas sempre se mantém reconhecível e identificável, e classificável conforme sua natureza particular.

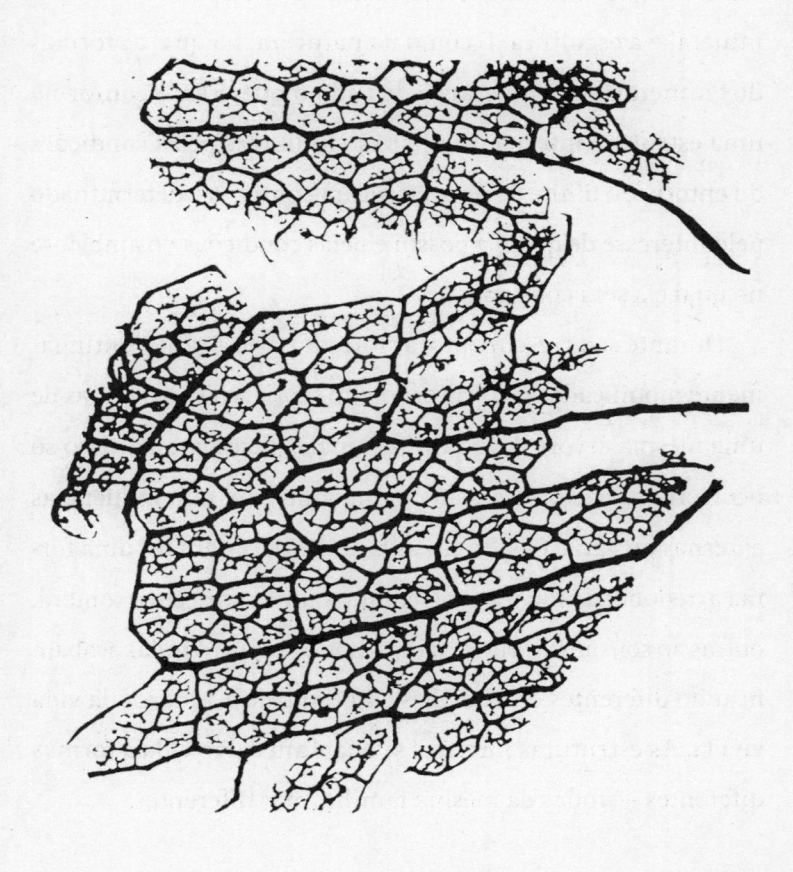

Os elementos que formam as estruturas contínuas são baseados na forma elementar do quadrado e do ângulo reto. Um desses elementos, o mais simples, é formado por dois quadrados soldados, unidos em uma das laterais, tendo cada um deles um corte retilíneo e paralelo à dobra, que sai do centro e vai até o meio de outra lateral. Dois desses elementos se encaixam e formam a célula de uma estrutura. Essa é a forma básica. Outros elementos são encaixados em cadeia, até o último se encaixar no primeiro, formando uma estrutura contínua que pode ser composta por um número indefinido de partes iguais. O objeto pode ser remontado de diversas formas, transformando-se conforme a disposição das partes, se estão viradas para um mesmo sentido, se estão viradas em sentidos opostos, se se alternam ou variam. Em última instância, essa estrutura vem a ter a aparência de uma escultura concreta, ou algo que está entre o mundo mineral e a escultura. E como na natureza, na qual as formas dos minerais, dos vegetais e de tudo o que cresce conforme uma estrutura interna peculiar são limitadas pelas condições do entorno, o limite de uma estrutura contínua é determinado pelo interesse de quem a possui e pelas condições do ambiente no qual ela será colocada.

Durante seu crescimento, as formas naturais são continuamente modificadas pelo entorno. Em teoria, todas as folhas de uma mesma árvore deveriam ser iguais, idênticas, mas isso só ocorreria se elas crescessem em um ambiente sem influências externas ou variações. Todas as laranjas deveriam ter uma forma arredondada idêntica; no entanto, umas crescem à sombra, outras ao sol, outras, entre dois galhos estreitos, e todas acabam ficando diferentes entre si. Essa diversidade é a marca da vida vivida. As estruturas internas se adaptam e dão vida a formas diferentes — todas da mesma família, mas diferentes.

Não há obras de arte que nos revelem esse aspecto da natureza. As esculturas nos oferecem, em geral, um e somente um aspecto da realidade. Essas estruturas contínuas, com a sua variação conforme os interesses e os humores do espectador, nos fazem refletir sobre todo um domínio da natureza, ainda inexplorado pelas artes plásticas.

Naturalmente, com isso cai por terra a ideia já superada da obra de arte como peça única e rara, independentemente daquilo que expressa. Cada estrutura contínua é reproduzida em determinado número de cópias "desiguais", desiguais em número de elementos constitutivos e desiguais em suas combinações. Duas estruturas contínuas feitas do mesmo número de peças podem ser diferentes, respondendo ao estado de espírito de quem as encaixa.

Na revista japonesa *Graphic Design* (nº 3, p. 40), há a foto de uma dessas estruturas, montada por Shuzo Takiguchi com uma configuração completamente diferente da configuração da estrutura que está na casa de Michel Seuphor, em Paris, embora seja composta pelo mesmo número de peças e com o mesmo módulo.

Outra característica dessas estruturas é que, diferentemente de uma escultura normal, elas não têm uma base nem uma parte de cima e uma parte de baixo, nem um lado da frente e um lado de trás. Elas podem ser apoiadas sobre qualquer um dos lados, podem ser penduradas na parede, podem ser suspensas por um fio — é indiferente. Qualquer semelhança entre elas e as esculturas concretas é puramente casual, no sentido de que eventualmente certas esculturas concretas poderiam ter um aspecto de uma das fases de uma estrutura contínua. Nelas não existe uma "composição", uma relação de cheios e vazios fixada de forma definitiva. A única coisa fixa e invariável é o módulo, mas este também já é variável em quantidade e disposição no conjunto do objeto.

Essa também é uma necessidade da arte de hoje, dar ao espectador um espaço de maior penetração na obra, naquilo que chamam de "obra aberta". Trata-se de uma forma de arte que se adapta ao senso artístico do espectador. No passado, as pessoas queriam que o artista explicasse detalhadamente como ele via o mundo. O espectador ficava feliz de ser guiado pela personalidade do artista (que se tornava, aos olhos de todos, um gênio, o melhor, aquele que ninguém conseguiria imitar). Hoje, como o espectador é mais sensível, já está acostumado a estímulos simultâneos e intensos e aos novos conceitos técnicos e científicos, não vê mais interesse em uma obra "fechada". A arte excessivamente definida, conclusiva e limitada a um único aspecto de algo, deixa as pessoas alheias: ou elas aceitam o fato consumado ou não obtêm nada. Sua participação é muito limitada, tudo o que não coincide com a obra do artista precisa ser deixado de lado. Na obra aberta, por outro lado, o espectador tem participação muito mais ativa, ele inclusive modifica o objeto conforme seu estado de espírito.

O tetracone

O tetracone é um objeto produzido em edição limitada, no âmbito da arte programada. Ele consiste em um cubo de 20 centímetros de lado dentro do qual quatro cones rodam lentamente, em velocidades ligeiramente diferentes. O cubo que contém os quatro cones é aberto em dois lados opostos entre si, de forma que os cones podem ser vistos pela frente e por trás. Na frente, vê-se uma combinação de cores e atrás, a mesma combinação, mas com cores opostas.

Cada cone contém um pequeno motor e está fixado na parede interna da caixa cúbica. Os cones são produzidos com alumínio fundido e possuem uma cavidade interna para abrigar o motor. Todos os fios elétricos passam pela parte externa da caixa, por meio de canais, que é em seguida revestida com plástico preto. Na base há apenas uma tomada e um interruptor.

No tetracone, as dimensões do cubo são a base de todas as outras formas do objeto. Cada elemento está relacionado com os outros elementos e com o conjunto — não segundo as antigas regras da proporção áurea, que nesse caso não interessam, mas segundo relações geométricas simples. As diagonais das faces do cubo determinam as dimensões dos cones. Cada cone tem como diâmetro a medida do lado interno do cubo e como altura a metade do lado. A superfície plana de cada cone é igual a três quartos do círculo que tem por raio metade da diagonal da face do cubo. Cada cone é pintado com duas cores complementares, metade de uma cor e metade de outra. Nesse caso, as cores são vermelho e verde. Cores complementares produzem, na linha de divisão entre elas, uma vibração óptica que destrói a matéria. Explico: nas condições adequadas de iluminação, a observação das duas cores complementares anula a percepção da matéria sobre a qual elas estão pintadas. Dessa forma, o observador olha apenas para a cor, não para o material.

A parte da programação da operação consiste em determinar a velocidade de rotação dos quatro cones e a combinação do número de segundos que cada cone levará para dar uma volta em torno de si mesmo. Por meio desse sistema, pode se estabelecer, além das outras três dimensões espaciais, também uma dimensão temporal efetiva (não lírica ou metafísica), que, no caso do tetracone aqui descrito, é de 1.080 segundos. Em teoria, isso significa que a cada 18 minutos a combinação cromática inicial se repete.

O tetracone apresenta ao espectador, portanto, uma combinação variável de duas cores complementares. A ideia é que a observação do objeto, com seu efeito cromático cambiante, leve o espectador a refletir sobre a variabilidade da natureza (considerada estática pela arte tradicional). Por conta da lentidão das mudanças, as combinações de cores são inicialmente

PLANO GERAL

DETERMINAÇÃO E POSIÇÃO DOS QUATRO CONES NO ESPAÇO CÚBICO

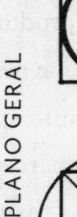

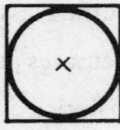

BASE DOS CONES = LADO DO QUADRADO

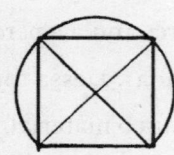

A SUPERFÍCIE PLANA DE CADA CONE OCUPA TRÊS QUARTOS DO CÍRCULO

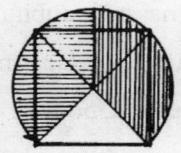

A SUPERFÍCIE DE CADA CONE É DIVIDIDA EM DUAS PARTES IGUAIS DE CORES COMPLEMENTARES

PROGRAMAÇÃO

DISTRIBUIÇÃO CINÉTICA DAS VELOCIDADES

TEMPO POR VOLTA COMPLETA, EM SEGUNDOS

DIREÇÃO CINÉTICA DOS QUATRO MOTORES EMBUTIDOS NOS CONES

"Enquanto tentarmos frear e limitar uma mudança espontânea por meio de um símbolo estático, nunca seremos capazes de entender nem de agir de forma realmente eficaz." (Alexander Dorner)

"A maior liberdade nasce do maior rigor." (Paul Valéry)

percebidas uma a uma, como cada fotograma de um filme, mas, depois de um tempo, o efeito passa a ser de transformação contínua, do completo verde ao completo vermelho no decorrer de 18 minutos.

A arte do passado (pintura e escultura) nos condicionou a ver a natureza como estática: um pôr do sol, um rosto, uma maçã. E as pessoas buscam essas imagens na natureza como imagens estáticas, quando na realidade a maçã é um momento no processo no qual ela passa de semente da maçã a árvore, a flor e a fruto. Nada na natureza está parado. Uma natureza parada no dia 5 de abril de 1965, ou um rosto parado aos 32 anos e 8 dias é completamente irreal, sem contar que, se nós pararmos a natureza, nunca conseguiremos entendê-la.

Sobrevoando o polo, vê-se um pôr do sol que dura horas e se transforma lentamente em alvorada. O pôr do sol e a alvorada são a mesma coisa. A noite e o dia são contínuos no mundo. Que forma de arte nos ensina esses fatos da natureza? O que aprendemos por meio da arte do passado sobre os ciclos da natureza? Ou sobre as transformações das formas e das cores? Pense em uma árvore no estado de semente e depois a imagine alta, toda verde, florida, com frutos. Pense nela no outono e no inverno. Tudo isso é a natureza e a natureza é tudo isso, não apenas um momento dela.

A arte programada atual tem por objetivo mostrar as formas enquanto elas se formam, e é por isso que ela não pode usar meios estáticos como a pintura e a escultura. Pelo contrário, ela precisa de meios dinâmicos, recorrendo até a motores e outros materiais industriais.

O que importa é a informação que uma obra de arte pode oferecer. Para se chegar a isso, é necessário deixar de lado todos os preconceitos e construir um novo objeto que transmitirá sua mensagem utilizando as ferramentas da nossa época.

"O princípio de uma forma não é *é, mas faz*." (Bauhaus)

Yang-yin

De origem chinesa, esse símbolo do yang-yin, que existe há mais de três mil anos, representa a unidade formada pelo equilíbrio de duas forças opostas, iguais e contrárias.

Essa unidade é representada em um disco formado pela união de duas partes de aspecto dinâmico, como duas formas que rodam no sentido horário, uma branca e outra preta.

As duas forças opostas devem ser interpretadas como duas forças naturais, e do equilíbrio entre elas nasce a própria vida. yang, a força positiva masculina, ativa, está na estiagem, no calor, na dureza, no céu, na luz, no sol, no fogo. É a firmeza e o brilho. Yin é o princípio negativo feminino, presente em todas as coisas passivas, como o frio, a umidade, a maciez, o mistério, o segredo, a evanescência, a obscuridade, a inatividade. É a sombra na face norte de uma colina, é a foz de um rio, é a terra e a água.

Milhões de pessoas, maravilhadas pelo esplendor da natureza e aterrorizadas pelas catástrofes naturais, reconhecem nessa marca definida e móvel o símbolo da vida.

Nós mesmos ficamos cansados e repousamos para recobrar o equilíbrio. Se o nosso olho é atingido de repente por uma luz vermelha, nós vemos a cor complementar verde até que a nossa retina volte ao normal.

Essa regra das cores complementares, ou do equilíbrio dos opostos, deve ser sempre levada em conta em alguns tipos de trabalho.

No livro *The Hidden Persuaders* [Os persuasores ocultos], Vance Packard descreve uma pesquisa feita por psicólogos para determinar qual cor é a mais adequada para a embalagem de um detergente. Foram produzidas três embalagens: uma amarela, uma azul e uma amarela e azul. Donas de casa escolheram a embalagem amarela e azul (cores complementares em equilíbrio), declarando que o detergente da embalagem amarela era corrosivo, o da embalagem azul era muito fraco e o da embalagem amarela e azul era perfeito. Nem é preciso dizer que as três embalagens continham o mesmo detergente.

O moiré

Os tipógrafos usam vários tipos diferentes de tela. Algumas têm pontos redondos, outras têm pontos quadrados, e a distância entre um ponto e outro também varia. Tomemos como exemplo duas telas com pontos quadrados ligeiramente separados entre si (não como no tabuleiro de xadrez, no qual as bordas estão em contato), impressos em preto sobre uma folha transparente. Posicione uma tela sobre a outra, alinhando as estampas, e mova sutilmente a tela de cima para o lado. Surgirão imagens que não estavam ali antes. Formas simétricas, como a de flores vistas do alto, ou motivos árabes.

As imagens mudam de acordo com a rotação e o ângulo entre as folhas transparentes. É interessante observar não só uma imagem se transformando em outra, como também o processo de transformação em si.

Meu amigo Marcello Piccardo e eu fizemos um curto filme sobre isso. O título era justamente *Moiré.*

A preparação para a filmagem e a implantação do projeto foram feitas com base em cálculos objetivos, começando pelos elementos básicos e seguindo pela natureza do tema. A música foi composta por Pietro Grossi, em seu laboratório de pesquisas sonoras em Florença, e tem a mesma estrutura das imagens. O filme dura apenas três minutos, pois em três minutos esgotamos todas as imagens possíveis.

217

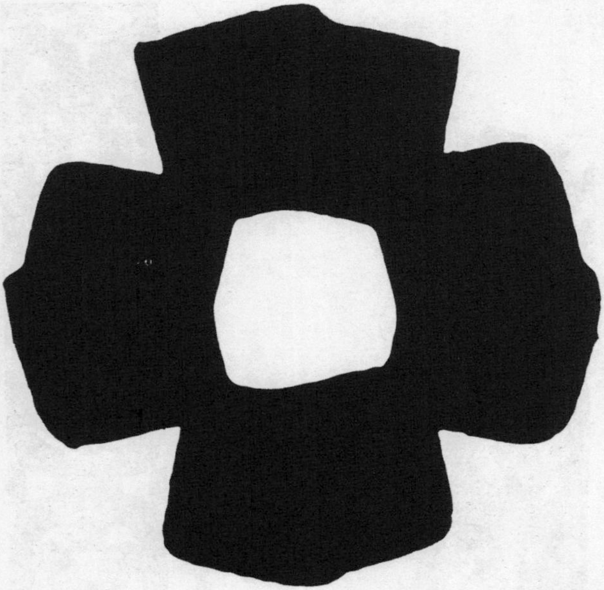

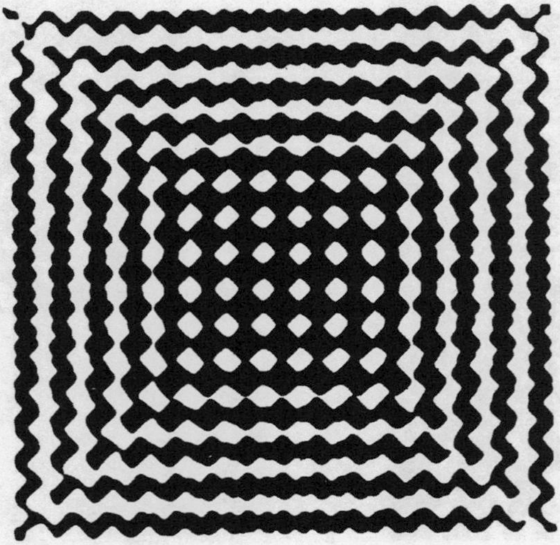

Téchne = arte
Asobi = arte e também brincadeira (japonês antigo)

Projeções diretas

Projeções diretas do quê? De uma asa de libélula, por exemplo. Pegue uma moldura de slide e dois vidros finos em formato de quadrado. Insira a asa de libélula entre os vidros (não preciso dizer que se deve tirar a asa de uma libélula morta e não matar um ser vivo só para fazer experiências divertidas). Pois bem, aqui está a nossa asa de libélula projetada com um projetor normal, daqueles que usamos para ver as fotografias em cores das nossas férias, com 2 metros de altura. "Dá para ver tudo", disse um dia uma criança. Dá para ver como a asa é feita, que desenho tem. Depois, quando se cansar dessa brincadeira (e eu sei como você se cansa logo), use uma pena, uma pequena pena do travesseiro da sua avó. Logo você tem uma pena de 2 metros, linda, com milhares de filamentos, que, você vê agora pela primeira vez, são também penas muito compridas.

Se não encontrar o travesseiro da vovó, corte um pedaço bem fino, como uma hóstia (desculpe, padre), de um travesseiro de espuma. Você verá a estrutura da espuma, e de fato é como uma espuma desenhada.

Brincadeiras à parte, a questão é: como podemos fazer bom uso do projetor de slides aqui e agora?

Podemos utilizá-lo como meio de expressão, tal quais os outros meios artísticos. Assim como há tubos de tinta, há no mercado placas coloridas (por exemplo, papel celofane) que podem ser usados para projeção. São placas muito finas, que vêm em diversas cores, para não faltar opções, das mais claras às mais escuras. Sobrepondo-se vários estratos de uma mesma cor, ela fica mais escura, sobrepondo-se várias cores diferentes, obtêm-se misturas de todo tipo.

Há também placas coloridas transparentes que têm a espessura de um cartão de visita. Essas placas podem ser trabalhadas, arranhadas, gravadas, queimadas ou mergulhadas em solventes, de forma a se obterem diversos efeitos diferentes.

Além desses materiais, há outros que possuem uma estrutura especial, e que, portanto, projetam um desenho peculiar, como as nervuras das folhas, certos tecidos de náilon e outros materiais sintéticos, a mica, fios muito finos, como os de cabelo, pó de cristal etc.

Tudo isso deve ser usado com a maior liberdade. Não se deve tentar fazer o retrato da tia Romilda ou da paisagem do vale Brembana.[6] É possível fazê-lo, mas daria muito trabalho e o resultado não seria de todo bom. O melhor é usar pedacinhos desses materiais, reunidos ao acaso, sem a pretensão de fazer obras-primas, trabalhando com tentativa e erro. De

---

6. N. da T. Vale localizado na Lombardia, região norte da Itália.

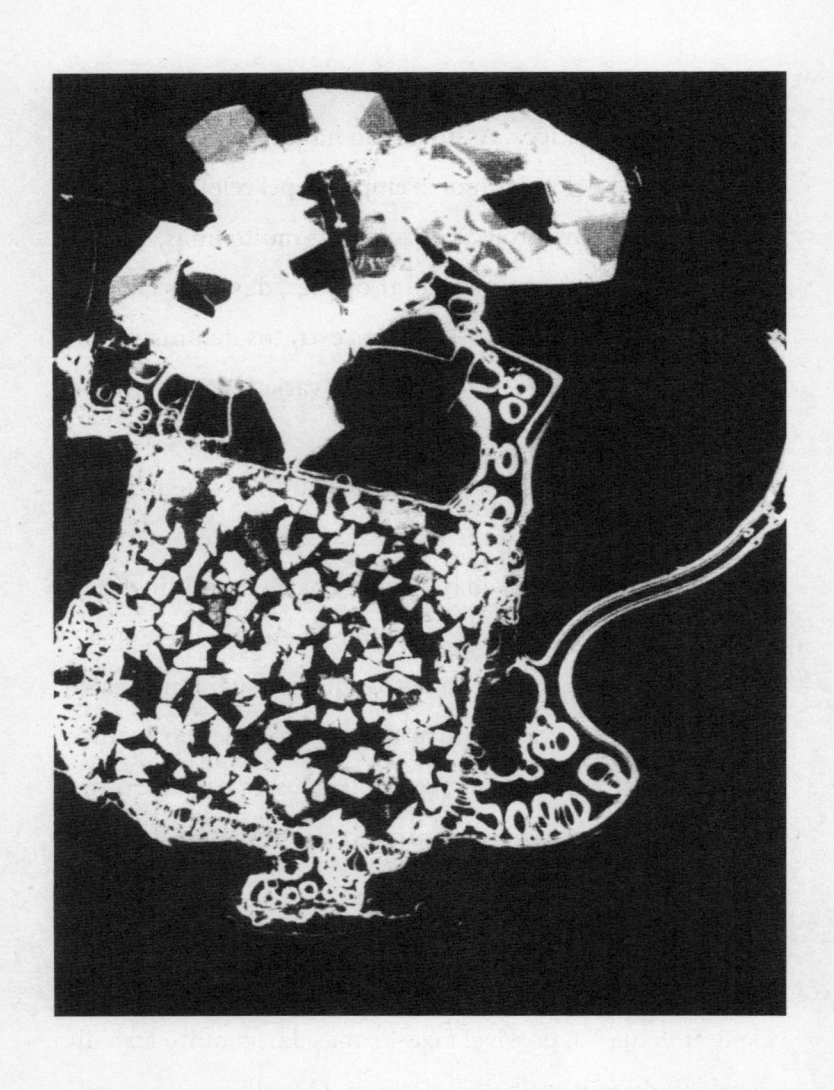

"Compreender significa ser capaz de fazer." (Goethe)

tanto tentar, você vai se ver em uma brincadeira prazerosa (os antigos japoneses tinham um termo especial para *arte*: *asobi*, que queria dizer também "brincadeira"). Você verá que essa brincadeira lhe dá a chance de se expressar, que certas cores e certas formas, nascidas casualmente, despertam sensações específicas e que algumas cores estranhas trazem certas lembranças. Você descobrirá que essas imagens despertam sensações e lembranças muito antigas: a cor de um sótão onde se brincava quando criança, a água de um rio com redemoinhos, uma praça enorme com a sombra de um castelo (cito aqui coisas aleatórias). Você pode, então, pedir que os outros espectadores falem sobre a reação que tiveram. Certamente será uma experiência interessante.

Cristais de sais de hipossulfito vistos através do projetor de slide. O slide é usado como um negativo normal, colocado no ampliador e impresso em papel.

Quando o experimento chegar ao fim, você terá uma série de slides prontos e preparados para serem guardados em uma caixa de charutos (daquelas caixas maravilhosas, com cheiro de madeira e tabaco de qualidade).

"Quando o homem para de criar, ele para de viver." (Lewis Mumford)

Projeções com luz polarizada

"Ao longo dos séculos, os receptores cromáticos de cor da retina evoluíram e foram condicionados pelos estímulos combinados das cores presentes na natureza. A coloração estática jamais será suficiente para assegurar uma satisfação psicológica duradoura; não é natural.

As cores deveriam se lançar umas sobre as outras de forma viva, não apenas no espaço, ou seja, lado a lado, mas também no tempo, como em uma sucessão de estímulos. Qualquer combinação imutável se torna insuportável por um longo período de tempo, mesmo quando a seleção inicial de cores parece perfeita. A percepção da cor, assim como a percepção da forma, tem lugar no *continuum* do espaço-tempo. Tratá-la apenas em relação ao espaço constitui-se em si, portanto, uma abordagem falha." (Richard Neutra, *Progettare e sopravvivere* [Projetar e sobreviver])

Esse tipo de projeção é resultado de experiências que fiz em 1954, em Milão, buscando obter efeitos com a transformação das luzes.

Minhas primeiras noventa composições diretas estão no Museu de Arte Moderna de Nova York, onde tive a oportunidade de fazer uma exibição.

Estas são feitas a partir do mesmo princípio, porém com o uso de um filtro polarizante. Nos slides há materiais plásticos de vários tipos, mas completamente transparentes e incolores.

Usar projeção para fins artísticos não é fato novo. Muitos se lembrarão das projeções com lanternas mágicas, de imagens realistas, pintadas sobre placas corrediças. A diferença, neste caso, está no uso inédito do polaroide como recurso para gerar e animar a cor.

O polaroide tem o mesmo efeito do prisma de cristal, que, como todos sabem, decompõe um raio de luz branca nas cores do espectro, isto é, em todas as cores visíveis. O polaroide é geralmente usado em experiências de óptica, para mostrar os esforços do material submetido a tensão, ou em cristalografia, para analisar a estrutura de certos cristais e materiais. Ele nunca havia sido usado para fins artísticos.

Se entre duas plaquinhas de polaroide se coloca um pedaço de celofane sem cor, dobrado duas ou três vezes, nós testemunhamos o surgimento de uma cor. Rotacionando um dos dois polaroides, nós vemos todas as cores do espectro, até as complementares.

O pedacinho de celofane dobrado nos mostra que é a espessura do material incolor que determina qual cor é vista: uma espessura não dá cor, duas espessuras produzem o vermelho (e seu complementar verde), três espessuras produzem o azul (e seu complementar laranja) etc. O efeito cromático depende, claro, da estrutura e da natureza do material. Eu fiz diversos experimentos, ao longo de anos, para determinar quais os materiais mais adequados para obter efeitos diferentes e descobri que o polietileno pode ser esticado, como um elástico que em seguida volta à posição primitiva, mas que, no caso, graças à diferença de espessura que obtém pelo estiramento, dá lugar a cores suaves. Descobri diversos outros materiais, como a mica, que produz cores lindíssimas, certos tipos de celofane, algumas substâncias cristalinas e também lâminas muito finas de certos materiais (difíceis de serem usados, no entanto).

Esses experimentos me proporcionaram toda uma gama de possibilidades e agora eu posso compor no pequeno espaço de uma lâmina de projeção todo um mundo de imagens e cores em constante transformação.

Todo material pode ser tratado de diferentes maneiras e oferecer diferentes resultados. Com uma dessas composições incolores eu produzo, em média, cinquenta variações, simplesmente rotacionando o polaroide durante a projeção. É como se um colecionador pudesse exibir cinquenta trabalhos diferentes de um mesmo artista.

Na casa do futuro, as pessoas poderão guardar em uma pequena caixa centenas de "quadros" a serem projetados.

O quadrado

Da altura e da largura de um homem com os braços abertos, o quadrado está presente nas mais antigas escritas e nas pinturas rupestres dos primeiros homens, representando a ideia de recinto, casa, lugar.

Enigmático em sua simplicidade, na repetição monótona de seus quatro lados iguais e quatro ângulos iguais, o quadrado produz toda uma série de figuras interessantes: um grupo de retângulos harmônicos, a proporção áurea e a espiral logarítmica, que se encontra na natureza, no crescimento orgânico de muitas formas de vida.

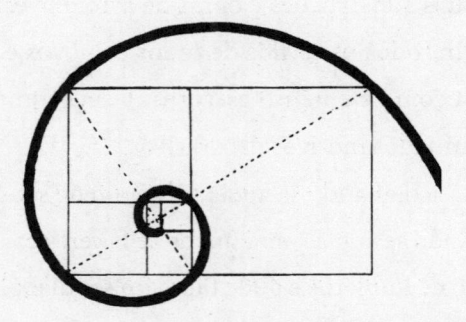

A espiral logarítmica nasce de uma série de retângulos áureos progressivos, dispostos ao redor do menor deles.

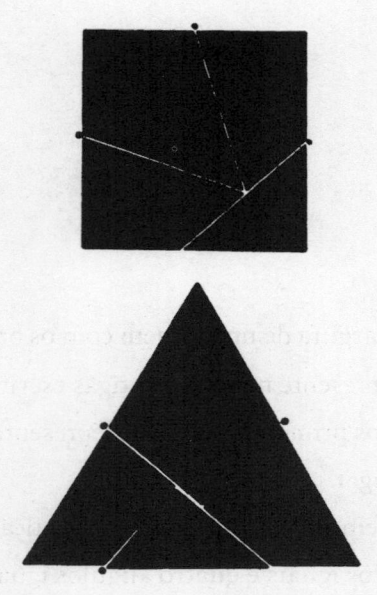

Um quadrado recortado como se vê no desenho e articulado nos pontos indicados, ao ser rodado no plano, transforma-se em um triângulo equilátero.

Suas inúmeras possibilidades estruturais permitiram que artistas e arquitetos construíssem uma estrutura harmônica para fixar suas construções e obras de arte. Ele está presente, portanto, em todos os estilos de todos os povos e de todas as épocas, seja como elemento estrutural, seja como superfície para determinados motivos decorativos.

Ele é estático quando se apoia sobre um de seus lados, é dinâmico quando se apoia sobre um de seus vértices. É mágico se estiver cheio de números e pode também ser diabólico, quando esses números estão relacionados entre si e ao quadrado ou ao cubo. É encontrado na natureza em muitos minerais.

Um quadrado cortado, como indicam as linhas brancas na figura preta, pode ser recomposto de muitas formas.

É uma curva, segundo Giuseppe Peano. Pode ser transformado em triângulos ou retângulos, por meio de alguns cortes e recomposições. Antigamente, o quadrado tinha o poder de afastar a peste. Definiu as medidas e proporções de cidades famosas, de edifícios modernos. Babilônia e Tell el-Amarna tinham a forma de um quadrado. E podemos também citar o Partenon, a Catedral de Pisa, o Palazzo Farnese, em Roma, o Museu do Crescimento Ilimitado, de Le Corbusier... Nas plan-

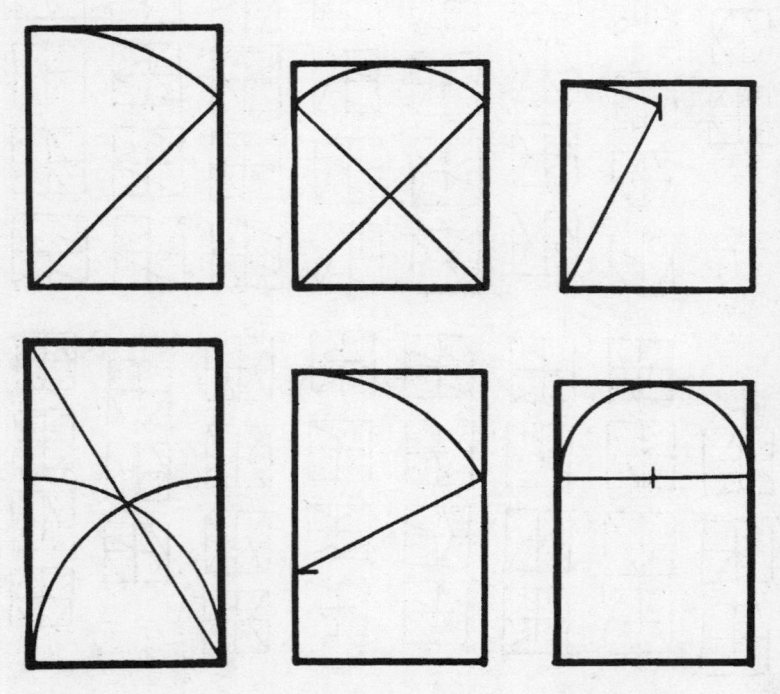

Retângulos harmônicos obtidos a partir do quadrado com a projeção, para fora, das mesmas dimensões.

tas de muitas igrejas, os espaços quadrados sob as cúpulas semiesféricas correspondem à forma mais lógica, assim como o formato quadrado da fotografia corresponde à objetiva redonda e garante o mínimo de desperdício e distorções.

Na acrópole de Olímpia, destinada à prática de exercícios, o Theecoleon, o Leonidaeum e outros edifícios tinham uma planta quadrada...

O quadrado deu origem a jogos muito antigos, ainda hoje populares: o xadrez, a dama, o jogo do 15, com seus 10 trilhões de combinações possíveis. Os dados, os quatro cantões... E há também as famosas *Square Dances* dos caubóis americanos.

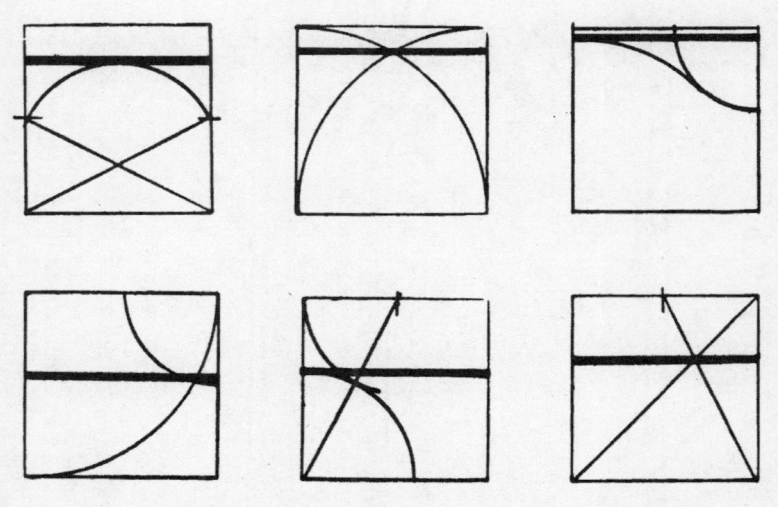

Divisões do espaço interno do quadrado, partindo das principais combinações obtidas entre linhas e curvas derivadas das medidas do próprio quadrado.

Na Ásia Antiga, o quadrado deu forma estável aos ideogramas chineses. Contribuiu também para a estrutura das letras do nosso alfabeto, do hebraico e de outros. Duas esteiras quadradas formam o módulo básico da casa japonesa tradicional. Vinte e oito quadrados cobrem toda a superfície de um bloco. O infinito é um quadrado sem ângulos, diz um antigo ditado chinês.

O círculo

Se o quadrado está ligado ao homem e às suas construções — a arquitetura, as estruturas harmônicas, a escrita etc. —, o círculo está relacionado ao divino. Sendo uma forma que não tem início nem fim, o círculo sempre representou e representa até hoje a eternidade. Um antigo texto diz que Deus é um círculo cujo centro está em todo lugar e cuja circunferência não está em lugar algum.

O círculo é uma figura essencialmente instável e dinâmica. Do círculo nascem todas as engrenagens, todas as buscas vãs para produzir o movimento perpétuo.

Embora seja a mais simples das curvas, o círculo é considerado pelos matemáticos um polígono com número infinito de lados. Se um ponto invisível de sua circunferência for removido, ele deixa de ser um círculo, passa a ser um *Patocircolo*, o que apresenta grandes problemas. Qualquer ponto marcado na circunferência de um círculo desfaz a ideia de eternidade, pois cria um ponto inicial e, portanto, um ponto final na própria circunferência. Se esse mesmo círculo com o ponto roda sobre um plano, o ponto desenha uma linha que se chama cicloide.

O círculo é encontrado facilmente na natureza. Basta jogar uma pedra na água calma. Já a esfera surge espontaneamente nas bolhas de sabão. Uma secção de um tronco de árvore revela os anéis concêntricos que marcam seu crescimento.

Modelo americano de veículo com uma roda só.

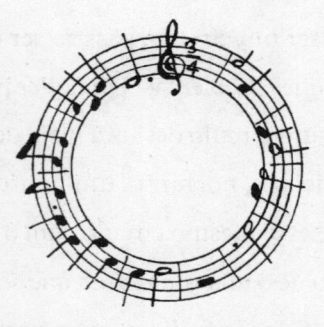

Notação musical de um "objeto sonoro", sem início e sem fim determinados.

Dançar em círculos, bater os pés de forma ritmada, ninguém é primeiro, ninguém é o último, bater todos iguais, todos ao mesmo tempo, o ritmo insiste, cada vez mais acelerado, um sentido de infinito nasce desse anel humano que gira, bate e gira e bate, gira e bate. (Foto: Michel Huet)

Um círculo feito a mão mostrou o talento de Giotto. O círculo é sempre uma das primeiras figuras que a criança começa a desenhar. As pessoas se organizam espontaneamente em um círculo quando param para observar algo, em uma forma de arena, de circo. Pintores famosos utilizam superfícies redondas para servir de base às suas criações, encontrando soluções de composição estreitamente ligadas à forma circular. Em certos casos, como no quadro *Madonna col Bambino* [A Virgem e a criança], de Botticelli, o efeito óptico final da obra é esférico.

Na origem dos sistemas de escrita, era comum o uso do círculo em quase todos os alfabetos e ideogramas. Os círculos são frequentes também nos desenhos das crianças em idade pré-escolar, dos adultos analfabetos e dos indivíduos da Pré-História.

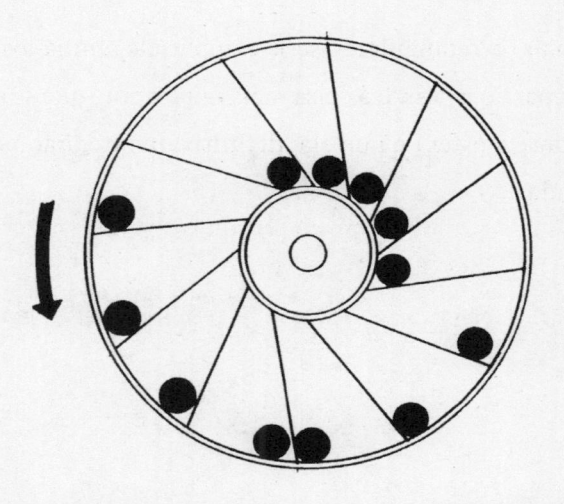

Entre as muitas experiências fracassadas com o movimento perpétuo, quase todas tiveram como elemento a roda, ou seja, o círculo. Tanto esforços genuínos de construir uma máquina que rodasse para sempre de forma autônoma quanto demonstrações de que a façanha era impossível, levados a efeito por inventores desconhecidos e homens eruditos, como Leonardo da Vinci, Villard de Honnecourt e muitos outros, resultaram em modelos estáticos. O caso mais curioso é aquele do marquês de Worcester, que, entre outras invenções, construiu a roda da ilustração acima. Ela deveria rodar graças ao peso das esferas que, deslocando-se ao longo dos raios inclinados, teriam um braço de alavanca maior do que as outras esferas mais próximas do pivô.

O marquês de Worcester se tornou posteriormente famoso pelo seu molho.[7]

Um disco apoiado sobre um plano nunca fica torto. Por esse motivo, quase todos os pratos são redondos — fica mais fácil distribuí-los na mesa. Se eles fossem hexagonais, quadrados,

---

7. N. da T. "Molho Worcestershire", mais conhecido como "molho inglês".

octogonais ou retangulares, seria complicado alinhá-los e organizá-los para o jantar. E a coisa mais importante que se poderia dizer sobre a esfera é que ela, definitivamente, não pode ser derrubada.

O triângulo

O quadrado, o círculo e o triângulo equilátero são as três formas básicas para o estudo das estruturas, das formas, da modulação e da acumulação. O conhecimento das características e das possibilidades dessas formas básicas garante ao designer mais facilidade na execução do trabalho e mais competência.

O triângulo equilátero é encontrado com frequência no mundo vegetal. Nele, três pontos estabelecem um equilíbrio de forças para gerar uma forma. No mundo vegetal, também se encontra com frequência o pentágono, mas o triângulo equilátero parece ser o maior símbolo do equilíbrio estrutural. Um tetraedro, mesmo quando construído com material frágil, é robusto, sólido e não se deforma. Muitas estruturas metálicas são produzidas com uma junção de triângulos e tetraedros. Na natureza, o triângulo equilátero é encontrado também em certos minerais, como na fluorita e na turmalina. Se observarmos um coco, perceberemos que há três grandes pontos organizados em forma de triângulo equilátero justamente onde o fruto se prende à árvore. Como todos sabemos, os cristais de neve têm forma hexagonal, ou seja, são seis triângulos unidos. O senhor [Wilson] Bentley fotografou cerca de 3 mil deles, todos dife-

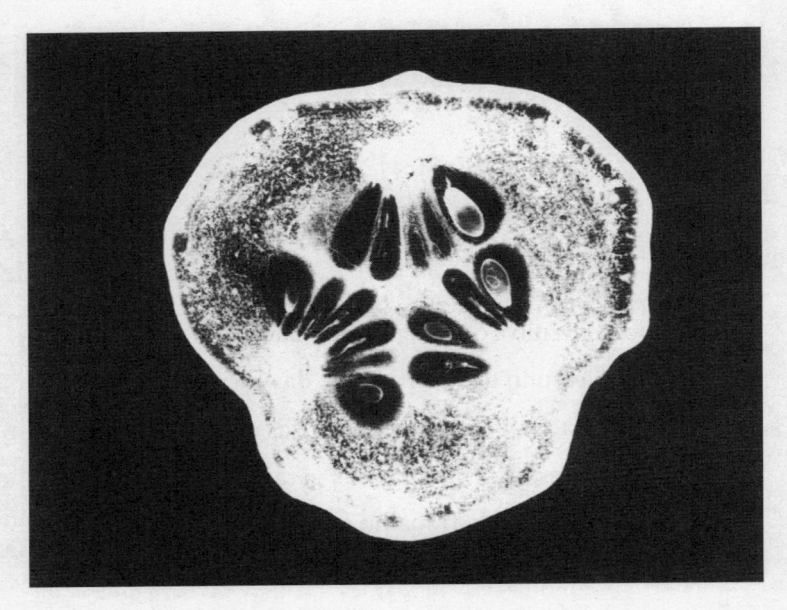

O triângulo equilátero é estrutura constitutiva de muitos vegetais. Esta é a secção de um pepino comum.

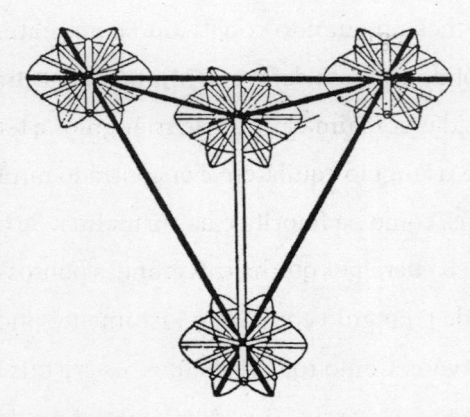

Os famosos nós de Konrad Wachsmann para estruturas metálicas de vários tipos.

rentes entre si. As famosas estruturas de [Buckminster] Fuller são baseadas no triângulo equilátero, visto também com muita frequência, ou quase sempre, nos projetos arquitetônicos de [Frank Lloyd] Wright.

As pirâmides egípcias não foram construídas com triângulos perfeitamente equiláteros. De todo modo, segundo estudiosos, elas tinham o propósito de tornar presente, em um mundo indefinido e infinito, uma forma elementar nascida da inteligência humana. Construídas fora das dimensões humanas, as pirâmides assumem uma importância semelhante à do ambiente natural e comunicam uma noção de razão que exclui qualquer interpretação subjetiva. Do triângulo equilátero e do estudo das possibilidades comunicativas que estão ligadas à sua natureza, às suas medidas e submedidas, à sua distribuição espacial, nascem muitas outras formas que povoam o mundo da arte decorativa, da arte gráfica, da comunicação visual. Certas placas de trânsito em forma de triângulo já possuem um significado claro. Segundo Edwin A. Abbott, autor de *Flatlandia — A Romance of Many Dimensions* [Planolândia — Um romance de muitas dimensões], os triângulos equiláteros nascem de pais isósceles e, na sociedade das formas bidimensionais, são considerados indivíduos perfeitamente equilibrados.

No livro *Ficções*, de Borges, fala-se de uma famosa biblioteca infinita composta de infinitas células hexagonais...

Michele Zoscenko narra em uma novela a terrível noite de um tocador de triângulo assustado pelo terror de perder o emprego e não saber o que fazer da vida.

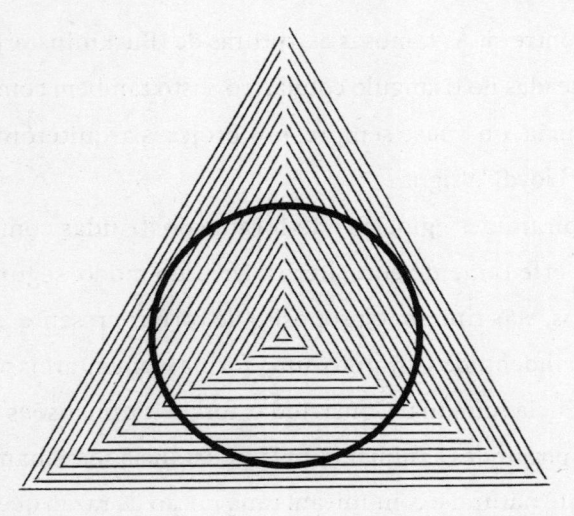

Um círculo perfeito, sobreposto a uma série de triângulos equiláteros concêntricos, não é mais reconhecido como um círculo perfeito.

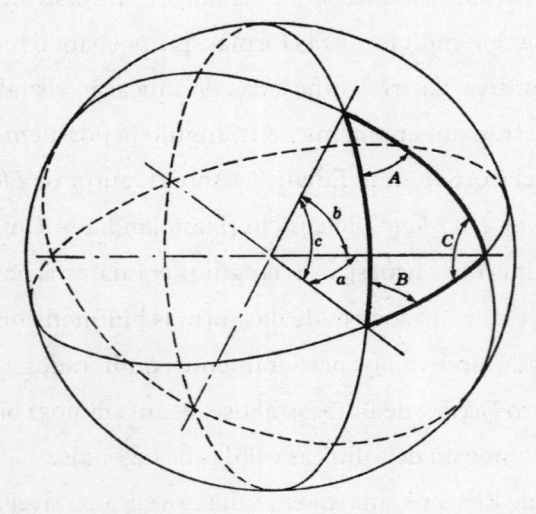

Um triângulo equilátero com os três ângulos retos é possível se for desenhado sobre uma esfera, segundo a geometria de [Nikolai] Lobachevsky.

A flecha perde as penas, mas não a ponta

Não é um provérbio,[8] como se poderia pensar à primeira vista, é apenas uma observação sobre um sinal de direção que, nos últimos tempos, perdeu quase tudo, mas manteve sua parte mais essencial.

Se há um objeto conhecido por todos, até por povos nativos, e que pode servir para indicar direção, esse objeto é a famosa flecha. A flecha sai do arco esticado e voa sempre na direção da própria ponta.

Quem quer que seja que escolheu esse objeto como sinal de direção deve ter pensado nisso tudo. E é evidente que, neste caso, não importa se a flecha é de ébano ou de teca, se a ponta é de ferro batido ou de osso de tigre, se os pelos ou as penas da rabeira são de um animal com poderes mágicos que a faz sempre acertar o alvo. O importante é a forma.

No início do século XIX, as flechas usadas como sinalização começaram a ser ligeiramente estilizadas. A parte que representa a parte de trás passou a ser preenchida de preto,

---

8. N. da T. Provavelmente uma alusão ao provérbio "o lobo perde o pelo, mas não o vício".

delimitada por linhas retas no alto e embaixo e por linhas curvas na frente e atrás, para fazer alusão à maciez das penas ("Caso contrário, ninguém vai entender do que se trata", teria dito algum crítico daquela época). Mais adiante, a seta se tornou mais rígida, mais pontiaguda, como podemos ver em placas de trânsito dos anos 1910.

Não precisamos nos deter em todos os meandros desse processo. Avancemos para a estrada principal. A flecha perde, então, sua haste fina e adquire maior espessura, devido ao aumento da largura da parte de trás até a ponta. Certamente assim a flecha fica mais evidente. Aliás, por que não se livrar do entalhe em forma de ângulo da parte de trás? E assim foi feito. A essa altura, já começa a ficar claro que toda a atenção deve estar concentrada na ponta, pois é a parte que transmite a informação. O restante pode ser eliminado. Esse sinal é usado até hoje na sinalização de trânsito para indicar a direção: uma seta branca sobre um fundo azul, no caso da Itália.

No início do século XX, com o Futurismo, o Novecentismo e as primeiras experimentações com o design geométrico, a seta novamente engrossa. Dessa vez, é a largura da ponta que determina toda a espessura da haste. A seta se torna um retângulo com um triângulo cortado na parte de trás e encaixado na parte da frente. Provavelmente o triângulo vazio da parte posterior é indício da dúvida do desenhista sobre as possibilidades de comunicação do sinal desenhado deste modo: o triângulo vazio faz alusão à parte de trás da flecha. Nós ainda vemos esse

"I O TAO PI PU TAO": "Se a ideia está lá, o pincel pode poupar-se do trabalho" (Antiga máxima de pintura chinesa).

modelo de seta nas placas de trânsito de alguns lugares, indicando que há uma curva perigosa adiante.

No entanto, o triângulo vazio foi logo eliminado, e com ele foi embora o último resíduo simbólico da parte de trás. Restaram o retângulo e a ponta, e é essa seta que vemos em todas as estradas.

Nos tempos atuais, nós somos tão treinados, nossos reflexos são tão rápidos, que a seta perdeu também sua haste. Afinal de contas, o que importa mesmo é a ponta, e a ponta ainda tem o formato de triângulo preto, como vemos na parte inferior direita das páginas de revista, quando o artigo que estamos lendo continua nas páginas seguintes. Vemos esse estilo de seta também em placas de trânsito, para alertar veículos que têm uma largura (ou altura) superior a...

Mas a história da transformação da flecha não acaba aí. Na Itália, placas recentes que indicam os nomes das cidades ao longo das rodovias apresentam apenas a ponta do triângulo, como pode ser visto na última linha da minha ilustração. De vez em quando, um desenhista nostálgico (no sentido artístico) volta a usar as flechas de antigamente, mas é logo arrebatado e inundado por uma nuvem de pontas, apenas pontas, pontas essenciais, que podem ser reconhecidas em um piscar de olhos.

Reconstruções teóricas de objetos imaginários

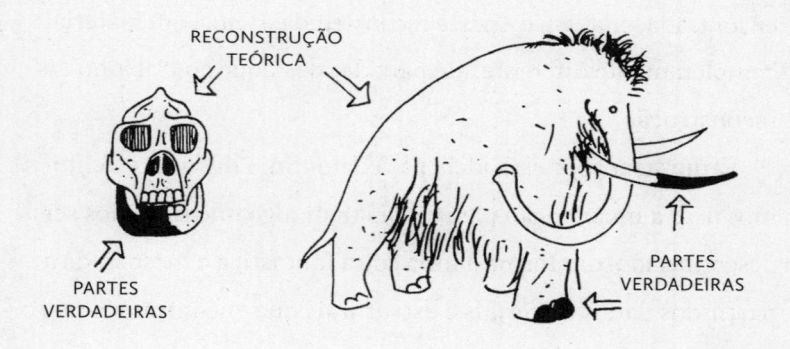

RECONSTRUÇÃO TEÓRICA

PARTES VERDADEIRAS

PARTES VERDADEIRAS

PARTES VERDADEIRAS

De tempos em tempos, os arqueólogos, escavando no deserto do Saara, ou em alguma gruta que no passado estava debaixo do mar, encontram um fragmento de restos animais. Após análises e verificações rigorosas, descobre-se que se trata de um pedaço de dente de um ser que viveu no Paleolítico Superior, alguma espécie desaparecida de hominídeo.

O fragmento chega às mãos de outros especialistas, que tentam reconstruir todo o animal, hominídeo ou objeto (se for o caso), com base em medições da estrutura, análise do material, entre outros.

Muitas dessas reconstruções podem ser vistas em museus de História Natural, especialmente, e logicamente, nas alas dedicadas à vida no planeta em épocas remotas, das quais sabemos pouco ou nada. Em outras alas, vemos vasos reconstruídos com base em cacos encontrados em alguma tumba — e se nesse caco há algum desenho, procura-se reconstruir não apenas o vaso, mas também o desenho.

Como todos sabem, a parte verdadeira é mantida como foi encontrada, enquanto a parte reconstruída é feita com material completamente diferente, até para dar destaque ao trabalho de reconstrução.

Vamos transpor essa ideia para o domínio das artes. Tentemos usar a imaginação para reconstruir algo que supomos ser desconhecido, dar forma a uma coisa fantástica e inesperada a partir dos dados materiais e estruturais que encontramos nos poucos fragmentos de que dispomos.

Façamos uma reconstrução teórica de um objeto imaginário com base em fragmentos cuja função é desconhecida e a origem é incerta.

O que quer que surja daí, nós não saberemos do que exatamente se trata nem a que mundo pertence. Talvez pertença apenas ao mundo da estética e da imaginação. Vejamos o que acontece.

Pegue pedaços de papel preto, colorido, de embrulho, uma partitura, um trapo, qualquer coisa que estiver à mão. Rasgue um desses materiais em dois ou três pedaços e solte-os sobre uma folha de papel em branco. Faça o mesmo com outro tipo de papel. Os objetos (eles são os fragmentos que acabamos de

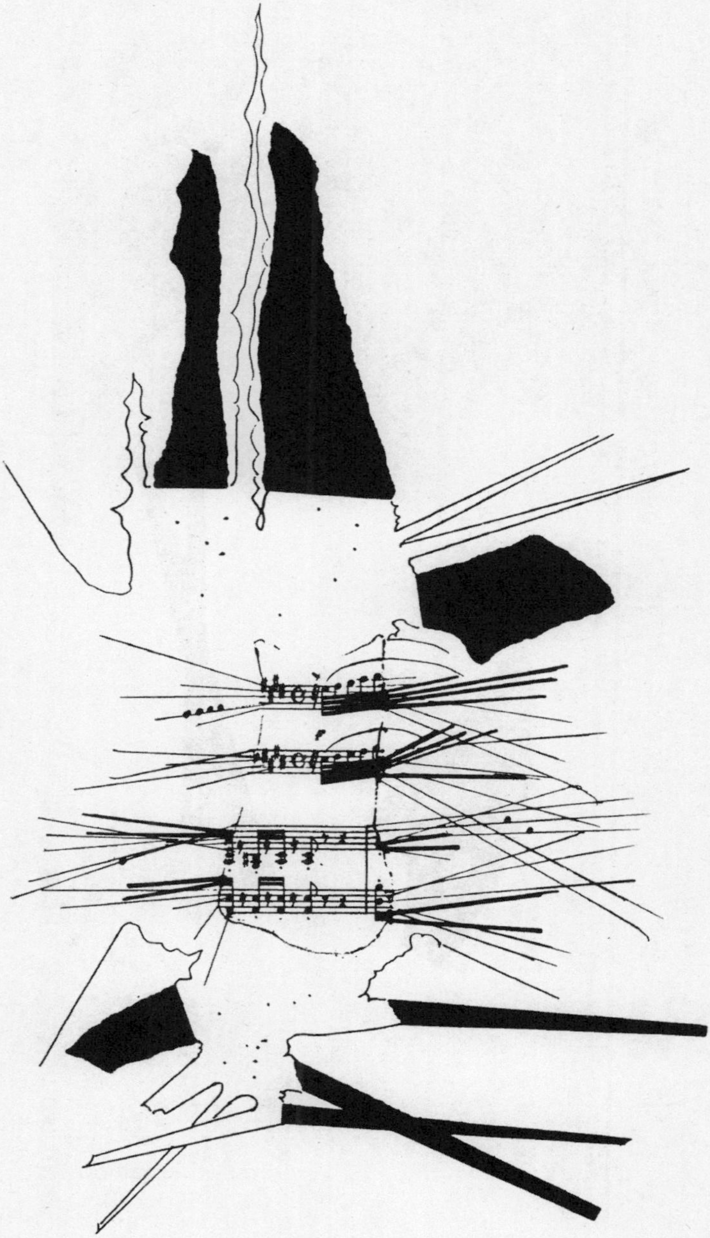

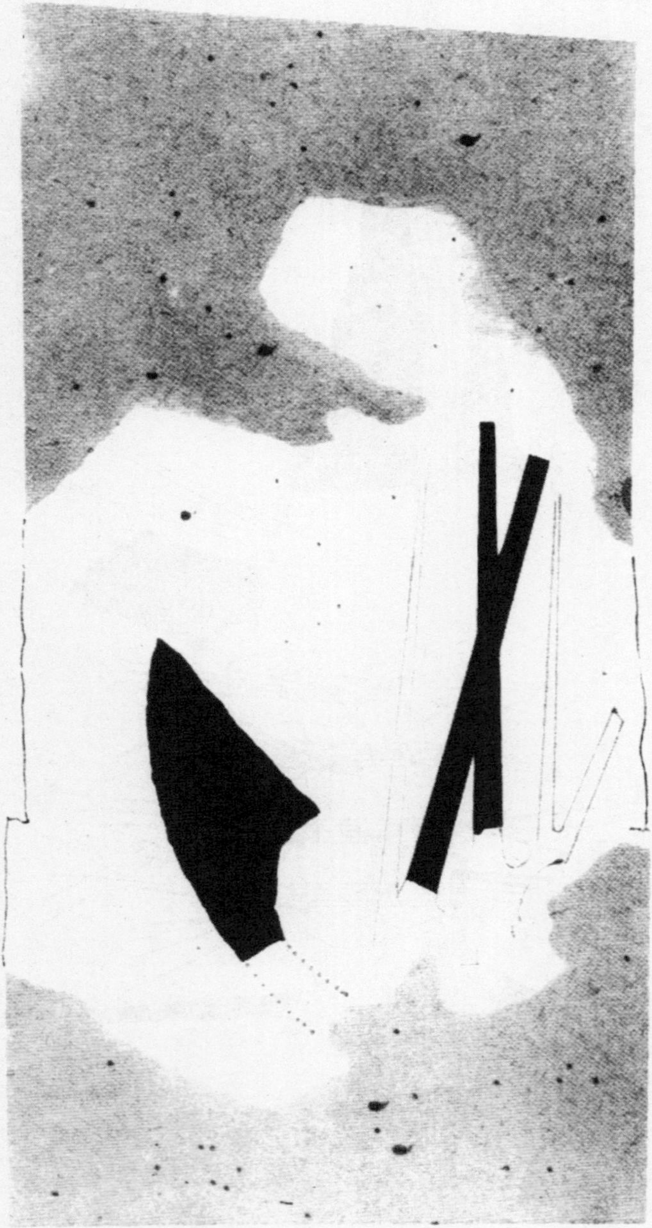

descobrir) cairão na folha de forma casual. Observe essa disposição por um tempo. Pode ser que você sinta necessidade de mudar algo de lugar, mas não por uma razão lógica, de acordo com alguma regra, mas pela "regra do acaso", como diz Hans Arp. Nós precisamos "sentir" algo que faça nossa mão mexer. Pois bem, feitas essas eventuais mudanças de lugar, comece a juntar os diversos pedaços. Para fazer isso, observe os contornos dos fragmentos e sua estrutura interna: se o fragmento foi rasgado, apresentará um contorno diferente de um fragmento que foi cortado. Sendo assim, fragmentos rasgados serão unidos pela forma do rasgo e fragmentos cortados serão unidos pelo contorno retilíneo. A partitura tem as linhas do pentagrama e as notas musicais, então é de supor que funcionará como fios de tecido rasgado, mas rígidos. Se o papel estiver manchado, as manchas deverão ser reproduzidas nas partes reconstruídas.

E assim, com calma e sem pensar em Rafael, reconstruímos algo que antes não existia, algo no qual ninguém jamais havia pensado antes, algo que nem mesmo nós conhecíamos, algo que logo, logo iremos jogar no lixo, porque ficará horrível.

A esperança é a última que morre.

Exercícios de topologia experimental

"A era atômica atual está começando a mudar a maneira como vemos a realidade. A escuridão do mundo desconhecido se ilumina: visões por um lado incompatíveis com o conceito de realidade e, por outro, não mais imaginárias. Daqui surgirão novas formas de arte.
A ciência cria novos meios de conhecimento. Porém, a nova investigação é apenas um retorno à curiosidade das crianças diante do desconhecido. Nesse sentido, a ciência e a arte são gêmeas. A arte serve como mediadora entre a imaginação da criança e a noção de realidade do adulto. O destino das artes visuais na era atômica dependerá do modo pelo qual essas duas tendências da mente se unirão." (Felix Deutsch)

As figuras e os sólidos geométricos são incorpóreos, abstratos e perfeitos. Para a geometria, um cubo de chumbo e um cubo de espuma são ambos cubos, e são até mesmo iguais, se o lado dos dois tiver a mesma medida. Independe do material de que são feitos.

A topologia, no entanto, confere a essas formas existência material, e procura entender o que aconteceria com um tetraedro se suas faces fossem feitas de placas de borracha unidas. A topologia abre a forma, apalpa-lhe as entranhas e extrai tudo, como um peleteiro faz com a pele de um animal. A topologia desconstrói a forma, transformando-a em uma superfície plana, para descobrir que o tetraedro reduzido a duas dimensões é um triângulo. Em geometria, o círculo é o lar de todos os pontos que estão equidistantes de um dado ponto. Um círculo no qual alguns pontos estão mais próximos do centro do que outros não é mais um círculo.

Para a topologia, um círculo poderia ser feito com os elos de uma corrente, em vez de ser feito com uma série de pontos. Pode-se deformá-lo à vontade, desde que conserve a característica essencial da figura, que é a de dividir o espaço em duas partes, uma dentro e outra fora dela. Ela pode assumir a forma que for, até a do quadrado. Para a topologia, a nova forma terá o mesmo valor do círculo.

O principal instrumento da geometria é o compasso; o da topologia é a tesoura. A topologia corta as figuras, as recompõe de modo diferente e diz que elas continuam sendo a mesma coisa, ou que as qualidades de antes e depois são iguais, ou completamente absurdas, como as da famosa fita de Möbius. É possível que um corpo plástico tenha uma superfície apenas? Que não tenha dentro e fora? Que seja limitado por uma linha somente?

Vamos tentar. Pegue uma fita de papel de cerca de 5 × 20 ou 30 centímetros (as medidas não importam). Una as duas extremidades. Você terá um anel ou um cilindro (visto de outro ângulo) de 5 centímetros de altura. Abra novamente o anel e faça uma torção de 180 graus em uma das extremidades. Agora una mais uma vez as duas extremidades. O que você vê? Aquilo que antes era o lado de dentro do cilindro agora é, pela extensão de meia circunferência, o lado de fora, e as duas linhas que formavam a base e o topo do cilindro agora são uma única linha contínua. Isso lhe parece correto? Mas não é tudo...

As coisas ficaram ainda mais complicadas por conta de um tal senhor Klein, que criou um modelo de garrafa com um longo pescoço que entra nela por um dos lados e depois sai pelo fundo, ligando-se à sua face externa. Ela não tem lado de dentro nem lado de fora, é uma superfície contínua.

Esses exercícios, e muitos outros, são fruto de uma pergunta do tipo quebra-cabeça que alguém fez a um bando de desocupados em um café em Königsberg por volta da primeira metade do século XVIII.

Naquela cidade universitária da Prússia passava o rio Prególia. No meio do rio, havia duas ilhas ligadas uma à outra por sete pontes. Chovia. Um dos brincalhões disse: "Numa tarde qualquer de março, um andarilho teve a ideia de atravessar as sete pontes sem passar por nenhuma delas duas vezes. Como ele conseguiu fazer isso?"

Seguiu-se um silêncio constrangedor. Eles pediram outra rodada de cerveja e, depois de algumas horas, foram embora sem abrir a boca. Mas o problema já estava colocado e lentamente correu o mundo. Foi Leonard Euler, em São Petersburgo,

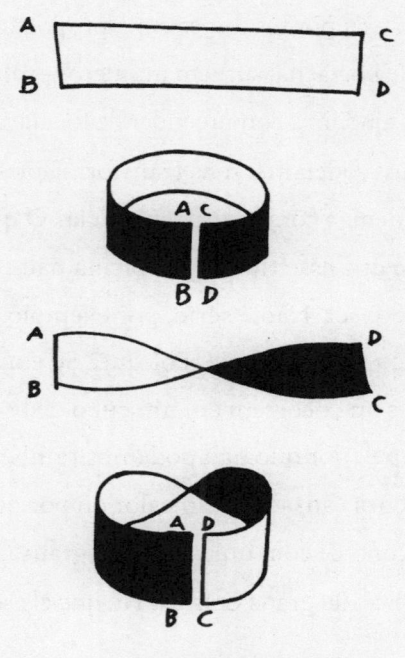

Fita de Möbius

que propôs uma solução, após descobrir que a coisa era possível apenas se o número de vértices fosse igual. Transformando a paisagem da ilha com as sete pontes em um gráfico, Euler pôde demonstrar sua teoria.

Em 1847, foi publicado o primeiro tratado de topologia, do matemático alemão [Johann Benedict] Listing. Hoje, qualquer livro de geometria que se respeite apresenta problemas de topologia em suas últimas páginas.

É evidente que a topologia tem um grande futuro pela frente, pois a partir de alguns *insights* aparentemente absurdos como o do andarilho e as pontes, ou como a proposta de examinar um tetraedro de borracha, surgem inúmeros problemas importantes, que nos ajudam a compreender de forma mais profunda as coisas que nos rodeiam e suas transformações. Por que não lançamos problemas com mais frequência? O que nos freia é a concepção de que esse tipo de problema não é sério como a matemática deve ser. Não é sério, por exemplo, considerar o aspecto térmico da geometria. Por quê? Se consideramos as transformações que ocorrem em um cubo de borracha ou em uma fita de papel, por que não podemos também considerar as transformações causadas pelo calor ou por qualquer outro fator? O que acontece com um cubo a 20 graus Celsius? E a 50 graus Celsius? E a 100 graus Celsius? No que ele se transforma?

Experimentos

1. Uma forma geométrica exposta ao calor intenso perde uma dimensão

Pegue um cubo de chumbo com 10 milímetros de lado e coloque-o no centro de uma chapa de ferro horizontal de grandes dimensões. Aqueça a chapa de ferro gradativamente, até X graus, e, em seguida, deixe esfriar. Observe como o cubo é alterado pelo calor. Lentamente os ângulos vão se arredondando, primeiro os inferiores e depois os superiores, a base se alarga, mantendo sempre o arredondamento dos ângulos, que jamais voltarão a ser retos. O cubo torna-se uma pirâmide achatada, arredondada, e, um pouco depois, um grande disco plano.

Há uma relação entre o raio do círculo que se formou e o lado do cubo original? E entre a superfície do círculo e a superfície do cubo?

O experimento não pode ser invertido. Aquecendo mais o disco de chumbo não se obtém um cubo.

2. *Transformação de um triângulo em uma esfera*

Pegue uma massa de modelar e a deixe plana, como fazem as cozinheiras com o rolo na massa de macarrão. Corte um triângulo equilátero de mais ou menos 20 centímetros de lado. Dobre os três vértices na direção do centro do triângulo até eles se tocarem. Você terá um hexágono. Faça mais três dobras, seguindo as diagonais do hexágono: você terá um triângulo novamente. Repita a operação enquanto o material permitir. Quando as dobraduras não forem mais possíveis, coloque o objeto na palma de uma das mãos e, com a outra, o pressione levemente, fazendo, em seguida, movimentos rotatórios, até que o objeto se torne uma esfera.

A partir desse experimento, fica evidente que a esfera tem o mesmo peso do triângulo. Trata-se de encontrar a relação entre o lado do triângulo e a circunferência máxima da esfera, entre a apótema do triângulo e o raio da esfera, entre a área do triângulo e a área da esfera.

É provável que x = 3a + (6E + t2) ÷ r2 + aT + bT + cT - 1, ou seja, X = 3t - 1.

3. *A quarta dimensão de um cilindro*

Pegue um recipiente em formato de cilindro, encha-o com H_2O. Você terá um cilindro de água. Aqueça a temperatura do cilindro em 100 graus Celsius e observe a progressiva diminuição de uma (e apenas uma), das dimensões: a altura diminui, enquanto as outras se mantêm iguais. No momento em que a altura do cilindro estiver reduzida a zero, você terá presenciado a transformação de um sólido de três dimensões em uma massa fluida e dinâmica de quatro dimensões. A forma resultante dessa operação não pode ser recuperada e não pode ser mensurada, como todas aquelas que têm uma quarta dimensão.

4. *Transformação por abrasão*

Pegue toda uma série de volumes geométricos feitos com o mesmo material, do tetraedro ao icosaedro. Coloque-os dentro de um daqueles cilindros rotatórios que servem justamente para arredondar as formas de objetos com protuberâncias indesejáveis. O interessante é observar quanto tempo leva para que os ângulos se arredondem e os sólidos tornem-se todos esferas; é investigar a relação temporal que há entre a esfera derivada do tetraedro e a esfera derivada do icosaedro; é entender que relação existe entre a matéria e a forma; é descobrir quem em sã consciência faria esses cálculos e quanto ele cobraria.

Duas fontes, nove esferas

Projeto de fonte inspirado no hidrômetro. Uma caixa triangular dupla, como se vê na foto, é mantida em equilíbrio sobre um suporte. Um fio de água desce de um furo no tubo que está na parte de cima, enchendo metade da caixa. Quando o peso da água supera o peso da metade vazia, a caixa se inclina e derrama a água. Enquanto isso, a outra metade se enche lentamente, até que...

Foto e planta da primeira fonte projetada e construída em 1954 em frente ao Pavilhão do Livro na Bienal de Veneza.

Uma série de toboáguas ligeiramente inclinados saía de uma altura de aproximadamente 2 metros e desembocava em um

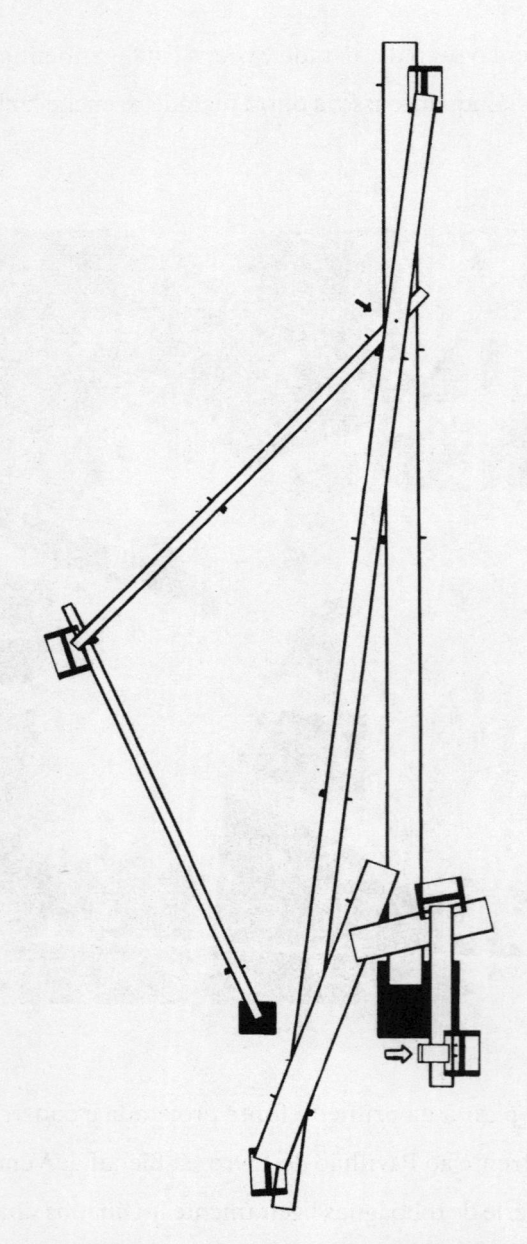

A fonte toboágua (Bienal de Veneza, 1954) vista de cima.

buraco escuro. Em seu longo percurso, atravessavam um gramado, passando por cima de alguns arbustos, e toda vez que mudavam de direção, a água caía, quase sem fazer barulho, sobre placas de vidro, semelhantes a atris. Os dutos inclinados eram feitos de chapas de zinco pintadas de amarelo e sustentados por simples tubos enfiados no chão. Um desses tubos levava a água até o ponto mais alto. O restante funcionava sozinho.

Nove esferas em coluna

Desenho e esquema do objeto de arte programada intitulado *Nove esferas em coluna* (exibido na Mostra Olivetti, em 1962). Nove esferas de material plástico transparente são mantidas em uma coluna vertical por três placas de vidro verticais. No interior de cada esfera, há um sinal gráfico branco. A primeira de baixo fica apoiada na polia de um motor que gira lentamente. Todas as esferas giram lentamente, por atrito, e os sinais brancos mudam continuamente de posição.

O diâmetro da esfera determina todas as medidas que compõem o objeto.

ESFERA
VIDRO

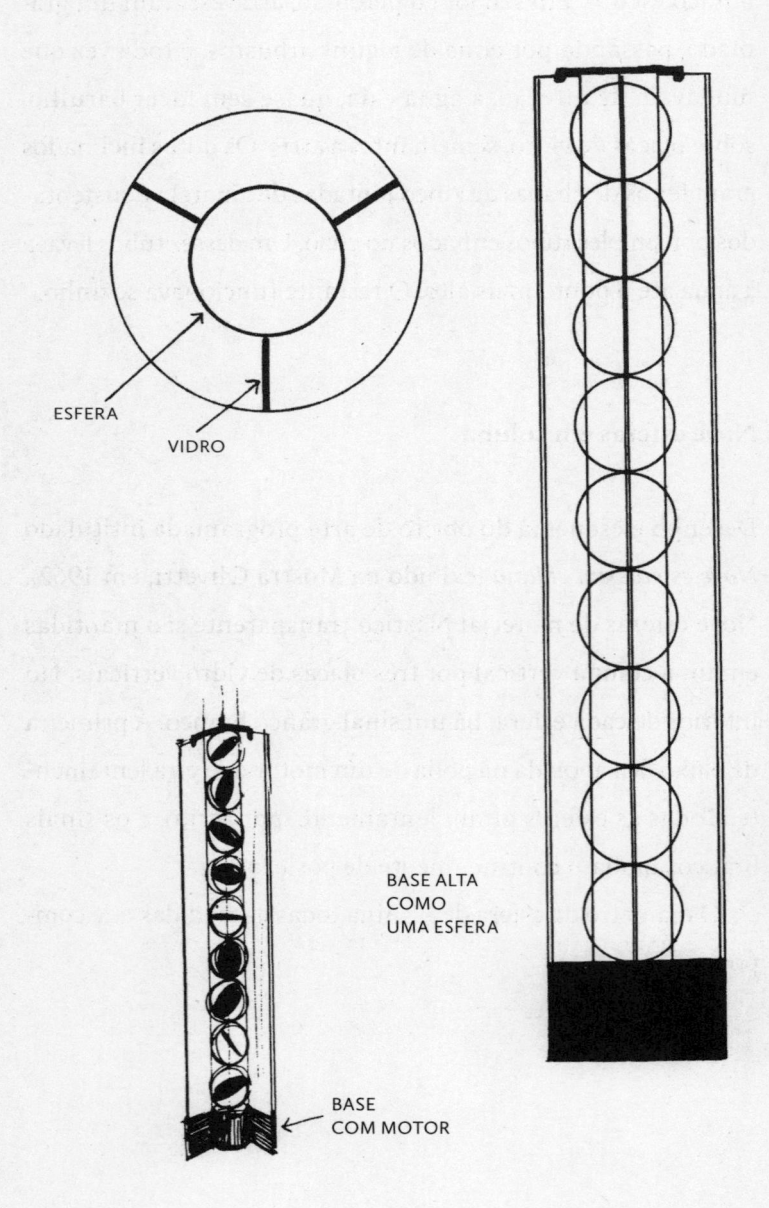

BASE ALTA
COMO
UMA ESFERA

BASE
COM MOTOR

Apêndice
As máquinas da minha infância (1924)

O Lugar da Máquina era distante.

Saíamos de casa no início da tarde, em direção à saída da cidade, pelo lado da Abadia Vangadizza, margeando o rio Adigetto à sombra da avenida de tílias perfumadas. Depois de uma longa estrada poeirenta e ensolarada, avistávamos o imenso dique. Ele era maior que a nossa cidade inteira e dominava todo o espaço, cobrindo o horizonte até onde a vista alcançava, tanto à direita quanto à esquerda.

Degraus de pedra levavam até o topo do dique, mas nós subíamos escalando, arfando, avançando sobre o grande barranco, entre as plantações de alfafa que batiam frescas contra nossos joelhos nus.

A vista do alto do dique nos deixava sem ar, até porque costumávamos escalá-lo a toda a velocidade. E lá estava a nossa Máquina, flutuando na água, próxima à margem. Havia um velho moinho de madeira que parecia ter sido construído pelo próprio Robinson Crusoé.

O céu era imenso e o vento bagunçava nosso cabelo. A grande massa de água cinza do Adige corria lentamente, formando aqui e ali redemoinhos perigosos. Para mim e meus amigos, aquela água surgia do desconhecido e desaparecia em direção ao desconhecido, transportando troncos de árvore e galhos secos, tufos de grama e arbustos arrancados, e às vezes objetos estranhos e gatos mortos.

Passávamos um de cada vez na estreita passarela de madeira que ligava o moinho à margem, e assim chegávamos à jangada, feita de um sem-número de eixos amarrados e apoiados sobre duas grandes boias. No centro da jangada, havia uma cabana com cobertura de palha. Ao lado da cabana, no sentido do rio, a Grande Roda girava lentamente. A Máquina era toda de madeira velha, já cinza, com os veios em relevo, devido às intempéries. Apenas os pinos metálicos da roda e das mós brilhavam, lustrados pelo atrito contínuo. Eles ficavam dentro da cabana, na penumbra, entre teias de aranha salpicadas de farinha e sacos cheios, com forma quase humana. A Máquina rangia, estalava, sussurrava, resmungava, borbulhava, e se podiam distinguir ritmos determinados sobretudo pela rotação da roda. A Grande Roda exibia um espetáculo que variava sempre. Com uma lentidão calculada, extraía do rio maravilhosas algas e plantas aquáticas verdes, como vidros macios, as deixava brilhar sob o sol, erguia-as ao máximo e, em seguida, as baixava lentamente, mergulhando-as de novo em um cintilar de gotas com barulho de chuva fina e contínua, que era como fundo musical para os outros ruídos do moinho. De vez em quando, vinha o cheiro de farinha e de algas, de água e de terra, de madeira seca e de musgo. E às vezes a Grande Roda pescava junto com as plantas do rio alguma pena de galinha, um pedaço de papel ou uma folha de árvore, para variar suas composições vegetais.

Enquanto meus amigos corriam para todo canto possível do moinho, tentando arrombar a porta da cabana, atirando pedras nos pássaros aquáticos, eu ficava lá perto da Grande Roda, com a água do rio passando sob os eixos sobre os quais eu me apoiava como se estivesse suspenso no ar, admirando o espetáculo contínuo das cores, das luzes e dos movimentos da Grande Roda.

Um dia desses, fui de carro ver se o moinho ainda existia. A estrada é curta, o dique é baixo, o moinho não existe mais.

CIP-Brasil. Catalogação na Publicação
Sindicato Nacional dos Editores de Livros, RJ

M928d

Munari, Bruno, 1907-1998
Design como arte / Bruno Munari. - 1. ed. - Rio de Janeiro : Cobogó, 2024.
272 p. ; 21 cm.
ISBN 978-65-5691-140-3
1. Artes gráficas. 2. Desenho industrial. 3. Artes. I. Título.
24-88739   CDD: 741.6
         CDU: 7.05

Gabriela Faray Ferreira Lopes - Bibliotecária - CRB-7/6643

Publicado originalmente por Editori Laterza com o título *Arte come mestiere*
© 1966, Gius. Laterza & Figli, Todos os direitos reservados
© Editora de Livros Cobogó, 2024

Editora-chefe
Isabel Diegues

Coordenação editorial
Julia Barbosa

Produção editorial
Melina Bial

Tradução
Feiga Fiszon

Assistente de produção
Bento Gonzalez

Capa
Rara Dias
Mari Taboada

Projeto gráfico e diagramação
Mari Taboada

Revisão final
Eduardo Carneiro

Todos os esforços foram feitos para a obtenção das autorizações das imagens reproduzidas neste livro. Caso ocorra alguma omissão, os direitos encontram-se reservados aos seus titulares.

Todos os direitos desta publicação reservados à
Editora de Livros Cobogó Ltda.
Rua General Dionísio, 53
Humaitá, Rio de Janeiro, RJ
22271-050
www.cobogo.com.br

2024
―――――――
1ª impressão

Este livro foi composto em Calluna.
Impresso pela BMF Gráfica e Editora,
sobre papel Pólen Natural 70 g/m².